DEVENIR CANAL DES NOUVELLES ÉNERGIES

ISBN : 978285090-620-6
Création graphique couverture Emilie Roy
www.graphism-webdesign.com

François Constanty

DEVENIR CANAL DES NOUVELLES ÉNERGIES

LE PREMIER LIVRE SUR L'ÉNERGIE CRISTALLINE

Éditions Bussière
Editions Bussière
34 rue Saint Jacques
75005 PARIS

Je dédie ce livre à mon équipe de l'invisible, en la remerciant de tout cœur pour ses généreuses et incessantes inspirations. Spéciale dédicace à N. et C. qui l'ont récemment rejointe. On a fait du bon boulot !

À PROPOS DE L'AUTEUR

François Constanty a quarante-sept ans et deux enfants. Ses racines familiales sont en Corse et en Corrèze. Son métier actuel n'est pas une profession, mais une vocation. On peut dire qu'il est une sorte de magnétiseur, mais dans une version beaucoup plus moderne. Il a occupé pendant seize ans des fonctions commerciales dans l'univers du marketing et de la publicité sur internet. Sa première passion est la recherche d'or enfoui, sous la forme de bijoux et de monnaies anciennes. Un hobby qui l'a amené à voyager dans de nombreux pays, à assouvir sa soif d'aventures et à aiguiser son intuition. À l'âge de quarante ans, il vécut une série d'expériences mystiques qui changea radicalement sa perception du réel. Il décrit ces expériences dans deux romans : "La machine à relier" et "Les rois mages". Il décida alors qu'il était temps d'assumer sa sensibilité exacerbée aux énergies, et quitta définitivement le monde de l'entreprise. Depuis, il consacre sa vie à l'exploration de l'invisible, à la compréhension des grandes lois de l'univers et à sa propre transformation personnelle. Il vit aujourd'hui entre la France et Majorque et se réjouit de diffuser les nouvelles énergies au travers de stages, d'ateliers et de séances de groupe à distance.

Ce qui manque le plus à notre vie d'aujourd'hui,
c'est cette intensité surgie de l'intérieur.
Ce ne sont pas des contenus qu'il faut transmettre,
c'est une manière intense d'être.
C'est dans la rencontre de personnes vivantes
qu'on en donne le goût.

Christiane Singer, romancière et essayiste
(Extrait d'une interview à la télévision suisse)

VOUS SAVEZ DÉJÀ FAIRE

Il est temps pour vous d'utiliser une de vos grandes capacités ous pouvez apporter un mieux-être aux autres, simplement, facilement et naturellement, en devenant canal des nouvelles énergies. Au fond, ce livre est presque inutile, car il ne sera qu'un rappel de quelque chose que vous savez déjà faire. Vous êtes nés avec cette capacité de faire du bien aux autres ! Le don de guérir n'est pas une option réservée à de rares élus : il fait partie de notre équipement de série. C'est une capacité encore inconnue, mais innée, de tout être humain, quels que soient son parcours de vie, son âge, sa culture ou son éducation. Soulager la souffrance d'un autre être humain est peut-être le plus beau cadeau que vous puissiez lui faire. Mais le plus étonnant, c'est que ce geste est aussi facile et naturel que de respirer. Il n'y a pas besoin d'acheter quoi que ce soit, et la ressource que vous allez utiliser est illimitée. Il n'y a rien à apprendre, car ce n'est pas une technique : il n'y a ni protocole, ni manipulation. Il vous suffit d'ouvrir les vannes et de laisser couler ces énergies dont la source ne se tarit jamais. Il s'agit juste d'être présent, de laisser-faire, et d'accepter de recevoir.

Ce faisant, vous deviendrez de plus en plus à l'aise dans l'invisible, et sentirez dans vos mains toutes les nuances des énergies. Peut-être même avez-vous déjà commencé à sentir ces vibrations quand vous avez pris ce livre dans vos mains. Vous allez découvrir comment surfer sur les vagues de cet océan d'ondes qui nous entoure en permanence. Les bienfaits que vous en retirerez dépasseront largement le territoire de la guérison : vous évoluerez avec autant d'aisance dans votre vie de tous les jours, en faisant des choix plus faciles, plus rapides et en accord avec les couleurs uniques que vous êtes venus exprimer. Vous resterez en phase avec le tempo du monde moderne, où tout change et tout s'accélère. On peut toujours croire que l'on peut figer les choses, mais la vie s'amuse de nos résistances, et ne tolère à la longue que l'incertain, l'imprévu, l'impromptu, la réactualisation permanente.

Devenir canal des nouvelles énergies, c'est donner de son temps et de sa présence pour apporter de la lumière sur la Terre et de l'harmonie à tout le vivant. Devenir canal, c'est accepter de ne pas tout comprendre. C'est accepter, pour une fois, de ne pas faire, et se mettre humblement au service d'une bienveillante intelligence. Entendez-vous l'appel de votre âme pendant que vous lisez ces mots ? La carapace se fissure, un vide se remplit, et vous vous rappelez qui vous êtes, au-delà des apparences. Derrière le masque, dans la lueur unique de vos yeux, une âme éternelle venue sur cette Terre pour y exprimer toutes ses couleurs et célébrer l'intensité de la vie. Bienvenue dans un nouveau monde !

LE JEU DE PAUM

Je vous propose d'entrer tout de suite dans le vif du sujet avec un premier exercice : Le jeu de paumes. Vous allez ressentir dans vos mains l'une de ces nouvelles énergies, l'énergie de la reconnexion. Pas besoin d'en savoir plus sur elle dans un premier temps, le plus important est de la ressentir. Pour cela, asseyez-vous dans un fauteuil confortable. Pour maximiser la sensation, détendez vos épaules, vos bras, et vos avants-bras. L'idéal est de n'être ni crispé, ni trop relâché. Vos muscles doivent être relax, mais toniques. Ces quelques conseils ne sont que des astuces pour ressentir plus et plus vite, car il ne s'agit pas d'une technique ni d'un protocole.

Placez vos mains à la verticale devant vous, à hauteur de votre poitrine et écartées d'une trentaine de centimètres, comme si vous veniez de réceptionner un ballon de plage. Vos coudes sont fléchis et pointent vers le sol. Les paumes de vos mains se font face. Je vous donne deux autres astuces : le poignet doit être légèrement arqué, votre main à plat, vos doigts bien tendus et aussi écartés les uns des autres que possible, même si ce n'est pas une position naturelle. Plus vos doigts seront écartés, plus vous sentirez. En complément de ces instructions, je vous invite à aller sur mon site *françois-constanty.fr* pour une vidéo de démonstration. Une fois dans cette position, connectez-vous à l'énergie de la reconnexion. Votre esprit peut en effet sélectionner la fréquence de votre choix, comme quand vous réglez la radio sur votre station préférée. Pas la peine d'attendre : dès que vous y pensez, l'énergie est là. Pas besoin de mystifier le truc en récitant un mantra ou une formule magique du style "Sésame, ouvre toi" ; il suffit d'en émettre l'intention. Peut-être sentez-vous déjà quelque chose. Si c'est le cas, c'est super ! Sinon, ne doutez pas que l'énergie de la reconnexion est bien là, même si vous ne la sentez pas encore. Il faut juste un peu plus de temps à certaines personnes pour ressentir dans leurs mains : notre système interne, qui reconnaît immédiatement cette énergie, doit re-apprendre à la "décoder".

Maintenant, place aux choses sérieuses ! Gardez la main gauche immobile. Avec la main droite, faites de petits cercles, en gardant les paumes face à face et à la même distance. Moins vite ! De tout petits cercles. Doucement, lentement. Le sens des cercles n'a aucune importance. Vous pouvez vous amuser à changer le sens des cercles, ou à les faire plus petits, ou plus grands. Vous sentirez alors des différences. Gardez les yeux ouverts et regardez vos mains. Si vous êtes gaucher, c'est la main droite qui doit rester immobile. En effet, nous avons une main plus sensible que l'autre : celle que nous n'utilisons pas pour écrire et saisir des objets. Arrêtez un instant de faire de petits cercles, et éloignez lentement la main droite de la main gauche, comme si vous tiriez un fil. Doucement. Allez-y, étirez, étirez, écartez vos mains aussi loin que vous le pouvez.

Avez-vous senti une différence entre le début de l'exercice et le moment où vos mains étaient les plus éloignées ? Recommencez l'exercice : plus vous pratiquerez, plus vous gagnerez en ressenti. Mais il faut que cela reste un jeu, ne vous crispez pas, et soyez créatif ! Par exemple, changez de main pour voir si la sensation est différente. Replacez vos paumes face à face, à une vingtaine de centimètres l'une de l'autre. Gardez cette fois-ci la main droite immobile, et reprenez ce que vous venez de faire : de petits cercles, lentement, dans un sens, puis dans l'autre, puis arrêtez-vous, et étirez. Plus vous ferez cet exercice, plus vous aurez de sensations dans vos mains, voire même dans votre corps si vous y prêtez attention en fermant les yeux. Vous ne risquez rien, à part avoir l'air l'idiot si quelqu'un vous voit agiter les mains dans le vide. Figurez-vous qu'en faisant ce petit jeu, mine de rien, vous avez déjà commencé à inviter une puissante énergie de transformation dans votre vie. Il suffit parfois de la recevoir pendant une seule minute pour enclencher une guérison. Je ne compte plus les personnes à qui j'ai fait pratiquer ce jeu de paumes, et qui m'ont ensuite fait part, le lendemain qu'à leur grande surprise des douleurs avaient disparu ou qu'elles avaient retrouvé le sommeil.

J'ai fait comme vous dites, mais je ne sens rien et je veux absolument sentir ! Pourquoi cela ne marche-t-il pas avec moi ?

Et bien, désolé, mais vous venez de vous faire arnaquer. Non je plaisante ! Peut-être que vous vous concentrez trop, que vous faites un effort. Détendez-vous, ce n'est qu'un jeu ! Le jeu, c'est apprendre à écouter avec ses mains. Oui, j'ai bien dit *écouter avec ses mains*. Si vous pensez que vous avez un mental trop fort, c'est une chance : utilisez votre mental fort pour commander à votre conscience de descendre dans vos mains, et recommencez l'exercice. Si vous êtes préoccupé par quelque chose, ce n'est peut-être pas le bon moment pour jouer, alors laissez tomber pour cette fois, et recommencez plus tard ou dans un autre endroit, quand vous serez dans un état d'esprit plus joueur. Peut-être encore avez-vous une idée préconçue sur ce que l'on est censé ressentir, et cela vous empêche d'être à l'écoute.

Chaque personne est unique, et va "décoder" cette énergie différemment. Pour certains, cela sera subtil, pour d'autres très fort. Certains sentent du chaud, d'autres du froid. Certains des fourmillements ou des piqures d'aiguilles, et d'autres comme une moufle autour de la main. Certains sentent dans la paume, d'autres à la surface de la main ou au bout des doigts. Certaines personnes sentent des fils entre leurs paumes, d'autres comme un élastique entre les mains. Certaines ne sentent pas dans leurs mains, mais ailleurs dans leur corps. Les personnes à l'aise avec le toucher, la sensualité ou les activités manuelles ont souvent plus de facilités que les autres, mais tout le monde peut ressentir cette énergie. Si vous n'y arrivez pas tout seul, passez directement au troisième exercice : *faire ressentir l'énergie à quelqu'un.*

Aujourd'hui, c'est tout un univers de nuances vibratoires que je sens dans mes mains, mais ne croyez pas que j'ai toujours eu autant de ressentis. J'ai dû m'alléger d'un bon paquet de blocages, et pour être déjà passé par là avant vous, je sais être patient avec ceux qui sentent peu au départ. J'ai aussi quelques astuces que je partage volontiers lors de mes ateliers de formation. Les sensations dans nos mains ne sont qu'un témoin qui vous confirme que l'énergie est bien là et fait son travail. Si vous sentez peu de choses au début, rassurez-vous, cela passe quand même.

Pour ressentir l'énergie cristalline, la position de départ est la même : assis dans votre fauteuil, placez vos mains devant vous, à la verticale, à hauteur de votre poitrine et écartées d'une trentaine de centimètres. Vos bras sont détendus, vos coudes pointent vers le sol. Les paumes de vos mains se font face. Une fois dans cette position, branchez-vous sur l'énergie cristalline (rien de plus simple, il suffit d'y penser). Gardez votre main gauche immobile. Arquez légèrement vos poignets vers vous. Maintenant, baissez le majeur de votre main droite jusqu'à ce qu'il soit à peu près perpendiculaire à votre main gauche et qu'il pointe la paume de votre main gauche. Il est possible que votre petit doigt se lève en même temps pour accompagner le mouvement, c'est normal. Ne forcez pas sur le majeur en essayant de le mettre parfaitement perpendiculaire, gardez-le détendu. Avec le majeur, visez la paume de la main gauche (qui reste immobile) comme si un laser en sortait. Rapprochez maintenant vos mains, en plaçant le bout du majeur à environ cinq centimètres de la paume de la main gauche. Déplacez votre majeur lentement, le plus lentement possible, comme si vous scanniez tout l'intérieur de la main gauche avec votre laser, à la recherche de quelque chose. Vous pouvez viser aussi bien la paume que l'intérieur des doigts de la main gauche. Peut-être allez-vous sentir, soit au bout de votre majeur, soit dans votre main gauche, que passer à certains endroits provoque comme une petite décharge. Ce sont de toutes petites zones, parfois un point très précis dans l'espace. Quand vous êtes sur un de ces points, restez-y sans bouger, et décidez de laisser couler l'énergie cristalline.

Laissez-la vous traverser. Respirez. Le rythme de votre cœur va probablement s'accélérer, c'est normal. Profitez de la sensation. Sentez l'énergie se déverser de plus en plus fort. Au début, c'est juste un petit filet, laissez-la couler de plus en plus, pour qu'elle devienne une rivière. Ne cherchez pas à comprendre ce qui se passe, à quoi correspond tel ou tel point. Si des émotions positives ou négatives vous traversent à ce moment, ne cherchez pas à les analyser, restez juste dans le charme de les voir surgir. Et puis, au bout de quelques secondes, éloignez votre majeur de ce point, en l'écartant de la main gauche. Comme si vous tiriez un fil, à partir du point de départ. Étirez, lentement, petit à petit, jusqu'au maximum que vous permet l'envergure de vos bras. Une fois que vous avez bien étiré, vous pouvez remettre vos mains l'une en face de l'autre, et recommencer à scanner votre main gauche avec votre majeur-laser. Peut-être sentirez-vous, en repassant sur le point sur lequel vous étiez, et que vous avez étiré, une baisse d'intensité, signe que l'énergie a fait son travail.

J'espère que vous vous êtes bien amusés pendant ces deux exercices. Avez-vous senti une différence entre l'énergie de la reconnexion et l'énergie cristalline ? Et comment l'exprimeriez-vous ? Quelle énergie avez-vous préférée ? Prenez le temps de vous poser la question maintenant, avant d'en savoir plus sur leurs spécificités plus loin dans ce livre. N'est-ce pas stupéfiant de pouvoir sentir de l'énergie ? Avez-vous remarqué que plus vous écartez vos mains, plus les sensations sont fortes ? C'est tout à fait étrange, puisque la physique affirme qu'une force diminue avec la distance ! Sentir des vibrations dans ses mains, ou voir ses doigts bouger involontairement, n'est-ce pas une *preuve suffisante* de l'existence de l'énergie ? Croyez-vous que vos sens puissent vous tromper ?

Pourtant, cette énergie que vous avez sentie n'est ni mesurable, ni quantifiable, et de fait non reconnue par la science. Nos savants n'y voient qu'une archaïque croyance populaire, un concept trop flou pour être sérieux, classé avec dédain au rayon ésotérisme. Alors que dans l'ésotérisme, c'est quand il cesse de douter de l'invisible que l'homme accède au statut d'initié. Certaines personnes passent des années à essayer de sentir, souvent en vain, l'énergie vitale, le fameux "chi" des Chinois, en pratiquant le Tai-Chi ou le Qi-Gong. Et voilà qu'avec ce simple jeu de paumes, l'énergie devient enfin réelle, concrète, palpable. Comment dès lors continuer à douter de la réalité de ces forces invisibles qui nous entourent ? Bienvenue dans un nouveau monde. Un monde dont les habitants sont conscients de leurs énergies et des énergies des autres. Un monde où l'invisible est intégré au quotidien et ne fait plus peur. Je veux aussi vous demander, avez-vous eu l'impression qu'un élastique entourait vos mains, et se tendait au fur et à mesure que vous les écartiez ? Ou qu'il y avait comme de la guimauve entre vos paumes, ou encore des fils invisibles qui les reliaient ? Et si c'était vrai ? Et si ces fils ne reliaient pas que nos mains, mais nous reliaient tous, et à tout ce qui est vivant ?

J'ai tendu des cordes de clocher à clocher ;
des guirlandes de fenêtre à fenêtre ;
des chaînes d'or d'étoile à étoile, et je danse.
Arthur Rimbaud

FAIRE RESSENTIR L'ÉNERGIE À QUELQU'UN

Dites à un de vos proches que vous êtes en train de lire un livre étonnant sur l'énergie, et que vous aimeriez bien faire une petite expérience qui est proposée dans le livre. Pas besoin d'en dire plus, car il ne s'agit pas de convaincre de quoi que ce soit. L'idée c'est juste de faire un petit jeu, pour le fun. Cela peut se faire soit debout, soit assis. Si vous êtes à l'aise avec le regard des autres, vous pouvez le faire dans un lieu public : dans un square, dans un restaurant, dans un cinéma, même dans une rame de métro ! Cela fonctionne partout, et c'est même plus fort quand il y a du monde autour. À la différence des approches énergétiques plus anciennes, comme le magnétisme ou le Reiki, il n'y a pas besoin, pour que cela fonctionne mieux, d'enlever ses bijoux ou sa montre, de débrancher son téléphone portable ou de s'éloigner des ondes des ordinateurs ou du WiFi.

Ce qui est extraordinaire, c'est que ces nouvelles énergies s'acclimatent à tous les environnements. Vous n'avez pas non plus besoin pour les faire passer d'être spécialement en forme, ou concentré, ou encore de bonne humeur. Elles ne nous demandent pas de s'adapter à elles, ce sont elles qui s'adaptent. Elles sont faciles d'accès, toujours disponibles, et c'est aussi cela qui les rend si modernes !

Pour faire ressentir l'énergie de la reconnexion à quelqu'un d'autre, rien de plus simple. Placez-vous face à la personne. Demandez-lui de placer sa main gauche devant vous, à hauteur de sa poitrine. Vérifiez d'abord que les muscles de ses bras et de ses épaules ne sont pas trop crispés. Mettez sa main bien à plat et écartez ses doigts. Maintenant, placez vos mains de part et d'autre de sa main, pas trop près, à une bonne dizaine de centimètres. Branchez-vous mentalement sur l'énergie de la reconnexion. Gardez votre main gauche immobile, et faites de petits ronds avec votre main droite, puis étirez en éloignant la main droite. Recommencez à faire de petits ronds. Vous pouvez ensuite changer de main. Gardez la main droite immobile et bougez maintenant avec votre main gauche. C'est comme pour l'exercice du jeu de paumes, la seule différence c'est que vous avez la main d'une autre personne entre les vôtres. Voilà, c'est aussi facile que cela !

Attendez d'avoir joué quelques secondes avant de demander à la personne si elle a senti quelque chose. Ne guettez pas ses éventuelles réactions, et amusez-vous plutôt à jouer avec ce que vous sentez dans vos mains. Essayez d'amplifier votre propre ressenti, par exemple en étirant de plus en plus, en écartant vos mains, ou en augmentant la taille des cercles. Il n'est pas nécessaire que la personne ferme les yeux pendant l'exercice. Cela peut même aider un peu si elle regarde sa main. Tout en continuant à jouer avec vos paumes et la sienne, demandez-lui si elle sent quelque chose. Si elle n'a rien senti, c'est peut-être qu'elle était un peu trop crispée, ou qu'elle s'attendait par exemple à sentir du chaud (la grande majorité des personnes pensent que l'énergie doit dégager de la chaleur). Concentrée à essayer de sentir du chaud, elle n'a pas fait attention à d'autres sensations tactiles. Il peut arriver que quelqu'un ne ressente rien, malgré toute votre bonne volonté. C'est rare, mais ce n'est pas grave, car l'énergie passe quand même et fait son travail, même si la personne ne le sent pas. Vous verrez aussi que certaines personnes ressentent très fort ces énergies et réagissent au quart de tour, à peine avez-vous placé vos mains de part et d'autre de la leur. Peut-être verrez-vous que certains de leurs doigts se mettent à bouger quand vous étirez. Vous serez surpris de ce que certaines personnes vous diront avoir senti, ou même vu.

Pour faire ressentir l'énergie cristalline, c'est un peu la même chose. La seule différence est que vous vous branchez sur elle au départ, que votre majeur se met en angle et que vos gestes sont plus lents.

FAIRE UNE SÉANCE D'ÉNERGIE...

Je vais vous donner ici une base pour que vous puissiez commencer à utiliser ces nouvelles énergies pour faire du bien à vos proches, sans aucun danger et en toute autonomie. Ce n'est pas une technique, mais bien une capacité innée de l'être humain, et je ne veux surtout pas vous limiter dans vos expériences. Vous savez déjà faire ! Faire une séance d'énergie, c'est comme nager : tout le monde peut le faire. Pour ceux qui se prendront au jeu et voudront propager plus largement ces nouvelles énergies, je vous invite à participer à un de mes stages. J'y serai votre maître-nageur, et je vous promets qu'en seulement deux jours vous nagerez aussi bien que moi. Il n'y a rien de tel que de baigner dans ces énergies pendant deux jours. Cela permet de passer un palier dans votre ressenti, de lever certains doutes et de rentrer pleinement dans votre maîtrise. Il y a des choses qui ne peuvent se transmettre qu'en présence, dans la dimension de la rencontre.

Sachez tout d'abord que le jeu de paumes peut à lui seul déclencher de profonds changements, même s'il ne dure qu'une ou deux minutes. Je parle bien ici de guérisons. Il n'y a parfois besoin que d'une toute petite impulsion extérieure pour guérir. Et cela est valable pour toutes les approches de guérison par l'énergie. Cela peut être aussi rapide que lorsque vous entendez le moteur de votre voiture vrombir à nouveau après un simple quart de tour de la clef de contact. Il s'agit bien ici de faire redémarrer un moteur : celui de l'auto-guérison. Votre corps est un chef-d'œuvre de mécanique, et votre esprit le plus compétent des ingénieurs. Il connaît tous vos circuits, tous vos rouages, il sait fabriquer sa propre chimie pour restaurer vos gènes et vos cellules défectueuses, sans effets secondaires. Ce moteur a juste besoin de carburant pour démarrer, et ce carburant, c'est l'énergie.

Vous n'avez pas besoin d'interroger la personne à qui vous faites une séance avant de commencer. Vous pouvez bien sûr l'écouter avec humanité si elle vous confie ses soucis ou vous décrit ses douleurs, mais cela ne changera rien à votre pratique. Il n'est d'ailleurs pas nécessaire d'être malade pour recevoir une séance. Même en bonne santé, on peut en retirer de précieux bienfaits : une plus grande clarté d'esprit, un regain de tonus ou de créativité, des prises de conscience. Si on vous demande ce qu'on peut attendre de la séance, répondez la vérité : vous n'en savez rien. Même chose si on vous demande comment ça marche : vous ne savez pas. Ce que vous proposez, c'est une expérience. Ne jouez ni au docteur, ni au marabout ! Vous ne faites aucun diagnostic, aucune promesse, et aucun pronostic sur ce qui peut se passer après la séance.

Passons à la pratique. Demandez à cette personne de s'allonger sur un lit ou sur un canapé. Dites-lui qu'elle n'a rien d'autre à faire que d'enlever ses chaussures, et de fermer les yeux pendant trente minutes. Expliquez-lui que vous ne la toucherez pas et que cela se passera en silence.

Je vais vous donner les bases pour travailler avec deux types d'énergies. Pour choisir laquelle utiliser, cela ne sera pas en fonction de la personne, mais en fonction de votre propre feeling. Entraînez-vous un peu avec les deux, et vous choisirez celle avec laquelle vous êtes le plus à l'aise.

Avec l'énergie de la reconnexion

La paume de votre main gauche est tournée vers le haut, la paume de votre main droite vise la personne. Déplacez-vous lentement autour d'elle. Choisissez la distance avec laquelle vous êtes confortable, ne soyez pas trop près de son corps. La personne ne doit pas sentir la chaleur qui se dégage de vos mains (vos mains produisent un certain magnétisme que l'on peut ressentir par la chaleur qui s'en dégage, mais dans cette pratique ce n'est pas cela qui est utilisé). Aussi étrange que cela puisse paraître, vous remarquerez que quand vous vous éloignez du corps de la personne, vos sensations augmentent. N'hésitez pas à reculer d'un ou deux mètres pour tester ce principe, tout en continuant à viser son corps.

Avec la main droite, faites des cercles. Des petits, des plus grands. Le sens des cercles n'a pas d'importance. De temps en temps, arrêtez de faire des cercles et étirez, éloignez votre main droite. C'est quand vous étirez que cela passe le plus. Déplacez-vous lentement, et recommencez ailleurs autour de son corps. Ne vous échinez pas à essayer de trouver absolument un endroit où cela "passe" plus. Vous ne pouvez pas louper votre séance en "ratant" un endroit. Détendez-vous : l'énergie est intelligente, elle saura d'elle-même où aller. Parfois, les personnes vous diront qu'elles ont senti quelque chose au niveau des pieds, alors que vous étiez au niveau de leur tête. Vous aurez peut-être l'impression que c'est votre main droite qui "envoie" de l'énergie. Il y a bien quelque chose qui passe à travers votre main, mais il ne s'agit pas que de cela. Dès que vous commencez la séance, c'est toute la pièce qui baigne dans cette énergie, à l'image d'une piscine vide qui se remplirait au fur et à mesure. On peut aussi imaginer un moule tout autour de la personne : au fur et à mesure qu'il se remplit, les vides vont automatiquement se combler. Si je vous propose d'avoir la main gauche pointée vers le haut, ce n'est pas parce qu'elle reçoit quelque chose d'en haut, c'est pour développer votre ressenti. La fonction de cette main est en effet de faire office de témoin du niveau d'énergie. Avec la pratique, vous sentirez dans cette main ce que vous faites avec la main droite.

Avec l'énergie cristalline

La paume de votre main gauche est tournée vers le haut, et le majeur de votre main droite pointe vers la personne qui est allongée. Vous devez commencer assez près de son corps, mettons à une vingtaine de centimètres. Déplacez votre majeur très lentement, comme si un laser en sortait et que vous scanniez le champ d'énergie avec. Vous sentirez peut-être qu'à certains endroits très précis, il y a une réaction, soit dans votre majeur, soit dans la paume de votre main gauche. La réaction peut ressembler à une décharge électrique, n'ayez pas peur car cela peut être intense. Si vous trouvez un de ces points, restez un petit moment immobile, détendez-vous, respirez profondément pour laisser couler l'énergie. Puis, étirez en éloignant le majeur. Vous pouvez alors soit revenir sur ce même point, soit en chercher d'autres en continuant à scanner le champ d'énergie de la personne.

Quelle que soit l'énergie avec laquelle vous avez choisi de travailler, soyez curieux, soyez joueur ! En respectant les bases que je vous ai données, trouvez la gestuelle la plus confortable pour vous et avec laquelle vous avez le plus de sensations. Par exemple, j'aime bien m'asseoir de temps en temps sur un tabouret pendant la séance, car cela augmente mon ressenti de ne pas avoir de tensions dans mes muscles. Ne regardez pas vos mains, mais la personne. En général, on observe des réactions involontaires de son corps, et ce, dès qu'elle ferme les yeux. Peut-être que ses paupières bougent, ou que ses cils s'agitent. Peut-être que de petits muscles bougent à la base de son cou. Peut-être que ses petits doigts se dressent ou tremblent. Toutes sortes de réactions sont possibles. Certaines personnes s'endorment au bout de quelques minutes, d'autres gigotent pendant toute la séance. N'ayez pas peur de ces réactions, ne vous arrêtez pas, c'est juste que l'énergie fait son travail d'ajustement. Essayez d'interagir avec ces mouvements involontaires quand vous en voyez : vous constaterez que vous pouvez les amplifier, par exemple en étirant (en éloignant votre main droite).

À la fin de la séance, dites à la personne que c'est terminé, touchez-lui délicatement l'épaule et invitez-la à ouvrir les yeux, sans la presser. Demandez-lui simplement : comment as-tu vécu cette expérience ? Laissez-la trouver ses propres mots pour décrire ses éventuelles sensations. Ce n'est pas toujours facile quand il s'agit de vibrations. Ce moment fait partie intégrante de la séance, alors que la personne est encore allongée, parce que certaines perceptions sont aussi fugaces que le souvenir de nos rêves au réveil, on ne s'en rappelle pas longtemps. Certains vous diront avoir perçu des couleurs qui n'existent pas, senti des odeurs qui ne sont pas dans la pièce, ou entendu de la musique. Certaines personnes douteront de leur expérience, en la mettant sur le compte d'une rêverie. Mais savez-vous que votre œil ne voit que 1 % du spectre électromagnétique, et que votre oreille n'entend que moins de 1 % du spectre acoustique ? Avoir des sensations est plaisant, car cela pimente l'expérience et nous confirme qu'il se passe bien quelque chose. Cependant, l'intensité des sensations n'est pas un indicateur de la "qualité" de la séance et ne présage en rien d'un quelconque résultat. Avoir beaucoup de sensations ne veut pas dire que c'est plus efficace, juste qu'il y a des personnes plus ou moins sensibles aux énergies. Ce n'est pas parce que l'on a plein de sensations que l'on va forcément avoir rapidement une amélioration dans tel ou tel domaine, cela ne marche pas comme cela.

Vous venez d'apprendre comment faire une séance d'énergie pour un proche. C'est aussi simple que cela, et tout le monde peut le faire. Petit à petit, vous deviendrez de plus en plus à l'aise, au fur et à mesure que votre ressenti se développera. Ne vous en faites pas si vous n'avez pas beaucoup de sensations quand vous commencez à pratiquer, cela viendra, et les retours positifs des personnes à qui vous avez donné une séance vous encourageront. Et puis un jour, vous reverrez l'une de ces personnes, et elle vous dira que c'est incroyable, que sa vie a changé, que ses relations avec les autres se sont miraculeusement pacifiées, que tout est devenu beaucoup plus facile. Vous réaliserez alors que ce travail va bien au-delà de la guérison. La véritable proposition de ces nouvelles énergies est de nous reconnecter à l'immensité de notre être. Pendant que nous les recevons, une partie de nous se souvient que nous existons en dehors de cette enveloppe physique, en dehors de cette dure réalité de la matière. Nous nous souvenons que nous sommes des êtres lumineux et multidimensionnels. Nous sommes ici, et en même temps ailleurs, sur d'autres plans, dans des dimensions parallèles auxquelles notre conscience n'a pas accès dans la vie de tous les jours. Pour notre âme, avoir l'opportunité de rentrer à nouveau dans cet espace est un délicieux bain de régénération.

Je vous ai donné ici les bases de la forme la plus pure de cette pratique, qui est aussi la plus puissante. Il n'y a pas besoin d'y ajouter quoi que ce soit ! Même si vous croyez bien faire, il faut bien comprendre que si vous altérez cette forme en y rajoutant quelque chose pour que cela soit plus efficace (protocole, technique, objet, symbole, musique, intention, rituel...), vous diminuez en fait considérablement le flot de ces énergies.

Sachez aussi que ces nouvelles énergies peuvent potentialiser d'autres approches énergétiques. Il vous suffit pour cela d'inviter ces nouvelles énergies, par exemple au début de votre cours de yoga, ou avant le massage que vous allez donner. Faites l'expérience ! Parfois, les nouvelles énergies s'invitent d'elles-mêmes dans d'autres pratiques, sans même que l'on y pense. Il m'arrive de les sentir quand je fais du sport, du yoga ou quand je prends la parole en public. C'est comme si elles sentaient les moments où j'ai besoin de soutien. Elles me procurent alors un surplus d'énergie, de concentration ou de souplesse qui facilite ce que je suis en train de faire. On peut dire que ces nouvelles énergies sont contagieuses, dans le bon sens du terme, car elles ne demandent qu'à se propager ! Tout simplement parce qu'elles sont dans l'air du temps, et que nous en avons besoin. Elles peuvent nous aider à nous adapter plus vite et en douceur à ce monde en transition, où les crises s'accélèrent, où les incertitudes s'accumulent et où nos vieux repères s'effondrent.

La force de votre volonté n'est pas requise dans cette pratique. Nous ne sommes pas ici dans le domaine de la guérison par la puissance de l'esprit. Soutenir une intention de guérison n'augmente en rien l'efficacité des énergies. C'est même le contraire, car cet effort peut vous empêcher d'être pleinement présent. Le travail ne se fait pas par votre volonté, mais par votre présence bienveillante. Au lieu de vous dire "je veux et je vais la guérir, de toutes mes forces, et je vais me concentrer, faire de mon mieux et mettre le paquet", dites-vous plutôt : "je vais passer un bon moment à ressentir les énergies, et ce qui se passe après ne dépend pas de moi". Nous ne sommes pas non plus ici dans l'effet placebo, car la personne n'a pas besoin de croire à ces énergies pour recevoir un mieux-être. Vous-même, vous pouvez aussi ne pas y croire. Vous avez le droit de douter, d'attendre de premiers résultats pour prendre confiance, surtout au début, c'est normal. Si cette personne est un proche, essayez de vous détacher de sa souffrance pendant ce temps que vous passez avec elle. Vous êtes juste là pour vivre une expérience avec elle, et ce qui se passera après ne dépend pas de vous. Alors, détendez-vous, respirez, souriez, prenez du plaisir à interagir avec l'énergie. C'est tout ce que l'on vous demande : être présent à l'autre, et présent à ce que vous faites.

Pendant que vous vous déplacez autour de la personne, regardez-la. Regardez son visage, voyez comme elle est belle, dans l'immobilité, dans le silence. C'est un moment précieux que vous avez la chance de vivre ensemble. Vous baignez tous les deux dans un océan de vibrations, et ce faisant, vous vous donnez tous les deux une chance d'évoluer, de vous transformer, d'aller mieux. Ce n'est pas vous qui envoyez, et la personne qui reçoit. La vérité est que vous recevez autant qu'elle. Et plus vous acceptez de recevoir, plus la personne recevra. Vous voyez, être canal, ce n'est pas du tout la même attitude que de faire, de réparer, de se concentrer, de faire un effort, de réfléchir, d'être dans la posture de celui qui sait et fait appel à des connaissances ou à des techniques...

On me demande parfois si cela marche sur tel ou tel symptôme. Je réponds qu'une séance d'énergie ne traite aucun symptôme en particulier. Ce n'est pas un traitement, c'est une expérience. Ce qui est proposé, c'est de faire l'expérience de l'énergie. Vous ne risquez rien, à part aller mieux. Pas uniquement sur le plan physique, mais aussi sur le plan de vos émotions, de vos pensées et de votre vitalité. En cas de souci de santé, et même si vous êtes un adepte des pratiques alternatives et des médecines douces, n'attendez pas pour consulter votre équipe médicale. Elle seule peut prendre en charge votre diagnostic et votre traitement. Ces séances d'énergie ne peuvent se substituer aux conseils ou aux traitements dispensés par des professionnels de la santé.

Ceci étant posé, je ne vais pas faire l'autruche non plus : il y a parfois des améliorations spectaculaires après une séance d'énergie. Au cours de ma pratique (plus de deux mille séances), j'ai remarqué que cela pouvait, notamment, aider à diminuer les douleurs articulaires, à soulager le mal de dos, à diminuer le stress, à retrouver le sommeil et à accélérer la convalescence suite à des opérations. Chaque séance harmonise, nettoie et purifie vos corps subtils. Cela améliore la circulation de l'énergie vitale, et favorise un retour à l'équilibre de votre être dans sa globalité : les émotions s'apaisent, les pensées s'éclaircissent, votre vitalité augmente, votre vie intérieure s'anime. Un processus se met en route, vous remettant sur le chemin du bien-être. À chaque séance, des peurs disparaissent, des pensées parasites cessent, notre taux vibratoire augmente, et nous devenons plus présents et plus conscients. Les personnes qui reçoivent n'ont pas besoin d'y croire. Le meilleur état d'esprit avant de recevoir la séance et d'être curieux, et de se dire "on verra bien". Il arrive que l'on ait des résultats tangibles immédiatement après une séance, mais chaque personne est unique et les bienfaits de la séance peuvent se constater bien plus tard, ou jamais.

Ces nouvelles énergies sont plus que des énergies de guérison : *ce sont des énergies de transformation.* Sachez aussi qu'il n'y a aucune contre-indication. Par exemple, les nourrissons ou les femmes enceintes peuvent en recevoir. Ce qui est fantastique, c'est que ces énergies s'accommodent de tout environnement. Elles coulent en abondance dès qu'on les appelle et quel que soit le contexte. Il y a cependant quelque chose qui peut entraver le flux de ces énergies, et amoindrir leur efficacité. Ce sont d'éventuelles peurs, ou des croyances limitantes qui ne vous appartiennent pas, et qui vous ont été transmises insidieusement, par votre éducation et votre culture. Elles sont les reliquats d'une longue histoire, dans laquelle l'homme a délégué son pouvoir personnel à une autorité extérieure, qu'elle soit politique, économique ou religieuse. Dans ce nouveau monde qui est en train de naître, nous sommes invités à retrouver notre pouvoir personnel, et la responsabilité qui en découle. La capacité d'être canal est l'une des manifestations de ce processus de libération.

Pour beaucoup d'esprits cartésiens, l'idée de pouvoir guérir en faisant juste couler de l'énergie, sans intervenir plus que cela, quasiment à l'aveugle en somme, est beaucoup trop simpliste pour être crédible. D'autres feront l'effort de tester ce concept, mais au fur et à mesure de leur pratique, ne pourront pas s'empêcher de quitter la forme pure, en y rajoutant une technique de leur cru censée améliorer le process. Dans cette société de la performance, nous avons tellement l'habitude d'agir pour obtenir un résultat. C'est la grande différence entre les approches classiques de la guérison et être canal des nouvelles énergies. Quand vous êtes canal, vous ne posez pas de diagnostic et vous ne traitez rien, que ce soit en manipulant la personne ou en lui prescrivant des médicaments. Il n'y a pas de protocole, de gestes précis à faire en fonction de tel ou tel cas de figure, et dans un certain ordre. Dans l'approche classique de la guérison, il y a toute une phase de diagnostic, par des examens et des questions, pour recenser les symptômes. Ensuite, un protocole se met en place, avec son traitement ad hoc. Les guérisseurs "à l'ancienne", intuitifs, magnétiseurs et autres praticiens de médecines alternatives ont également leurs propres outils de diagnostic (pendules, tests musculaires, sensibilité des mains, intuition...) et opèrent pour rectifier les déséquilibres perçus, à l'aide de techniques spécifiques et en s'appuyant sur des bases théoriques qu'ils ont assimilées.

Notre société est allée très loin dans le *faire*. Peut-être est-il le temps de vivre une nouvelle expérience, en laissant faire... Dans l'Évangile de Matthieu, "*laisse faire*" est la première parole de Jésus, la réplique étonnante qu'il donne à Jean-Baptiste. Non pas : ne fais rien, mais agis comme si tu n'agissais pas, comme si tu permettais seulement à ce qui doit arriver d'arriver... Dans le même registre, Maître Eckhart, un grand mystique rhénan, invite les chrétiens à pratiquer le *non-agir*. L'idée est ni d'agir par soi-même (avec orgueil), ni même d'agir pour Dieu (ce qui est encore se substituer à lui), mais de laisser Dieu agir en soi et à travers soi. On retrouve aussi le laisser-faire dans le "*wu-wei*" des taoïstes. À l'image de l'aïkido qui utilise la violence de l'adversaire, celui qui pratique le *wu-wei* laisse advenir les événements, sans chercher à les contrarier frontalement, en sachant les mettre à profit grâce à l'énergie qu'ils véhiculent. Il va surfer sur le bien et le mal trouvés sur sa route, comme l'eau qui épouse le lit de la rivière sans chercher à le modifier tout de suite, ce qui finalement va profondément le transformer, mais comme sans le vouloir, naturellement, de soi-même. C'est l'art de maîtriser les circonstances sans leur opposer de résistance. Il est vain de s'opposer aux événements; on peut néanmoins en changer le cours par son acceptation, par son intégration.

En devenant canal des nouvelles énergies, vous acceptez de laisser-faire, de laisser couler une force qui vous dépasse. Vous cessez, au moins pendant un temps, de tenter de contrôler tout ce qui se passe. Vous faites acte d'humilité, en acceptant qu'une intelligence bienveillante sache mieux ce qu'il faut faire que vous, pour votre propre bien et celui de la personne qui reçoit la séance. Et puis, vous vous laissez porter par ces courants d'énergie que vous ressentez sans ambiguïté dans vos mains. Ce sont des moments magiques, des instants de frôlement, et comprendre tout ce qui se passe enlèverait le charme de ces émotions fugaces qui vous traversent avec chaque vibration.

MÊME PAS PEUR

J'ai suivi de nombreuses formations dans l'énergétique et bien souvent, la première chose que l'on y apprend, avant même d'aborder la pratique, est de se protéger des *mauvaises énergies*. Leur description et leur degré de nuisance potentielle varie selon les écoles. Cela va des énergies perverses provenant du WiFi ou de l'éclairage au néon, jusqu'aux entités, décrites comme des âmes errantes ou des extra-terrestres hostiles à notre civilisation. Pour vous en protéger, on vous vend toutes sortes de stratagèmes, d'invocations, de rituels et de produits censés les repousser. Force est de constater que la culture de la peur est bel et bien enracinée chez les guérisseurs et engendre tout un folklore qui manque cruellement d'humour et de modernité.

Cela me fait penser à un thérapeute dont j'ai suivi le parcours. Il se plaignait d'être trop souvent perturbé. À défaut de devenir une référence dans la guérison, il était devenu un expert de la protection. Chaque mois, il améliorait ses rituels et trouvait de nouveaux objets pour compléter son arsenal défensif. Les carapaces qu'il se construisait ont tellement bien fonctionné qu'il me confia un jour que plus aucun nouveau client ne le contactait. Mais comment faisait-on avant, quand on ne savait pas qu'il fallait se protéger ? Et de quoi faut-il avoir peur au juste, puisque le monde extérieur est le fidèle reflet de notre monde intérieur ? En focalisant mon attention sur ces forces extérieures, je me détourne de l'essentiel, qui se joue à l'intérieur de moi. En refusant de regarder ma propre part d'ombre, je refuse de prendre la responsabilité de ce qui m'arrive. Je préfère jouer la victime, un rôle que je connais pourtant par cœur. Je remets, encore une fois, mon pouvoir personnel à une autorité externe, en l'occurrence des puissances supérieures censées me protéger.

La personne pour qui vous faites la séance a sa propre carapace, composée de toutes ses résistances inconscientes au changement. La lumière a déjà du mal à passer à travers ce bouclier, alors ce serait dommage si vous rajoutez en plus le vôtre. Avec la force de votre esprit, décidez de mettre de côté vos peurs pendant trente minutes, pour laisser toute la lumière passer à travers vous. C'est à vous de montrer le chemin, à vous de donner le la. Il ne s'agit pas de paroles, mais d'une attitude silencieuse, pour rentrer dans un espace où vous partagez la même humanité. Au-delà des différences de sexe, d'âge, de culture. Si vous voulez vraiment rendre service à cette personne, offrez-lui votre vulnérabilité. Ce qu'il y a de plus fragile en nous est aussi le plus grandiose. Pas besoin de dix ans de pratique du bouddhisme, il suffit de penser au regard des enfants. Ce qui nous touche tant chez eux, c'est justement cette absence de carapace, on lit à livre ouvert en eux ! Leur regard, leur gestuelle... tout est transparent, immédiat, spontané. Ils croquent la vie à pleines dents et expriment sans retenue toute la palette des émotions qu'ils traversent.

Il n'y a aucune raison de vous protéger si votre intention est claire et que votre cœur est pur. Imaginez-vous une seule seconde que Jésus ait, avant de toucher le lépreux, ordonné à ses disciples de lui apporter en vitesse un masque et des gants ? Voilà peut-être le grand secret de ceux qui font des miracles. Cela demande un certain courage que de s'exposer aux énergies, et on n'en a pas toujours envie. Se protéger des entités est plus confortable, on est moins impacté par le brassage des énergies. Mais à long terme, ce n'est pas valable. Il faut en effet comprendre leur fonctionnement : ces entités se nourrissent de nos failles, et tant que l'on ne les aura pas bouchées, on continuera à en attirer d'autres. Elles se nourrissent de nos tendances les plus sombres : l'avidité, la manipulation, la rancœur et la jalousie. Tout ce qui nous contracte les nourrit, mais tout ce qui nous ouvre les éloigne. Elles ont le don pour repérer les blessures d'amour que nous n'avons pas encore guéries et pour lesquelles nous adoptons des stratégies malsaines, c'est à dire des stratégies de compensation qui se font au détriment des autres. Par exemple, rechercher le pouvoir pour dominer les autres, espérant ainsi compenser un complexe d'infériorité. Ces entités ne sont donc pas si "négatives" que cela : en vous alertant sur une zone d'ombre que vous n'avez pas encore osé regarder, elles vous donnent l'opportunité de la guérir. Rien ne nous arrive par hasard. Les circonstances de notre vie, les rencontres que nous faisons, les échecs, les épreuves, les souffrances et les doutes que nous traversons ont tous un sens. La vie nous invite régulièrement, et par différents moyens, à faire la paix avec notre passé, nos regrets, nos frustrations et nos colères, et à réaliser que la lumière nous a toujours éclairés.

Il peut arriver que vous ressentiez de la fatigue après certaines séances, surtout si vous en réalisez plusieurs dans la journée. N'oubliez pas que les nouvelles énergies travaillent sur la personne à qui vous donnez la séance, mais aussi sur vous. Il y a en parallèle de ce travail un mélange entre vos énergies et celles de la personne. Ce mélange, qui s'opère de manière spontanée dès que vous êtes proche de quelqu'un, est amplifié pendant la séance. Un tel brassage n'est pas anodin, et il faut avouer que ce n'est pas toujours agréable à vivre, si vous êtes sensible et que vos deux énergies ont du mal à s'accorder. Si c'est votre cas, ménagez-vous un temps de calme et de silence entre chaque personne, au moins une bonne vingtaine de minutes, et si vous le pouvez, l'idéal est d'aller vous aérer dans la nature.

CROYANCES LIMITANTES, DONS ET GRATUITÉ

Ce qui me plaît avec les nouvelles énergies, c'est que la personne qui reçoit peut douter de l'existence même de ces énergies, et recevoir quand même une guérison. Cette pratique a également un côté laïc, très moderne, puisqu'elle ne demande pas d'adhérer ou d'être exposé à un quelconque système de croyance. Je donne beaucoup d'informations dans ce livre sur ce que j'ai compris de ces nouvelles énergies au cours de mes six premières années avec elles, mais je n'en avais jamais parlé à mes clients, là n'est pas l'important. Ce qui compte, c'est l'expérience, pas les tentatives d'explication sur d'où cela vient, et comment cela marche. Je n'ai aucune caution scientifique, et je ne prétends pas détenir la vérité. Peut-être que dans dix ans, je relirai ces lignes en regrettant certains passages qui ne me ressembleront plus, parce que je verrai les choses autrement.

À propos des croyances, j'ai reçu à mon cabinet des personnes aux profils ethniques et religieux extrêmement variés. La question de la religion n'est généralement pas abordée, mais certaines personnes, au moment de la prise de rendez-vous, m'ont confié leurs doutes sur la compatibilité de cette pratique avec leur culte. En creusant la question, je dois dire que j'ai été bien ennuyé par ce que j'ai découvert sur la position de certaines religions vis-à-vis de la guérison par l'énergie. Il ne s'agit pas ici de faire une étude comparative, ni de dénigrer telle ou telle religion, mais il y a du lourd. Par exemple, j'ai découvert que l'église a considéré que le magnétisme confine à la magie. Elle l'a fermement condamné par un décret : "*Magnetismus, prout exponitur, non est admittendus*". J'ai aussi lu que le magnétisme serait l'action de Satan et de ses hordes d'esprits séducteurs, qui usent de tromperies et de prestiges. Leur but, duper de sincères chrétiens au moyen de manifestations déguisées en œuvres du Saint-Esprit. Et pourtant, nombre de personnes ont appelé "amour christique" ce qu'elles avaient vécu pendant la séance. Ce qui est troublant, c'est que l'histoire des saints et des grands mystiques chrétiens compte de nombreux cas de guérisons miraculeuses. Il y a des guérisons par les mains, mais il y a aussi bien plus croustillant, puisqu'on lit dans la vie de certains mystiques des cas de lévitation et même de bi-location, comme chez les maîtres hindous.

Une croyance largement répandue prétend que la guérison est un don qui doit rester gratuit. On reconnaîtrait même un "bon" magnétiseur au fait qu'il ne demande pas d'argent, et laisse les personnes donner un petit quelque chose si elles le veulent bien. Le don de guérir serait une grâce de Dieu, incompatible avec l'argent. S'il vous a donné un autre don, comme le don de chanter, allez-y, foncez, devenez une célébrité et faites-vous plein d'argent sans aucune culpabilité. Quel concept étrange ! Quelqu'un qui a un don de guérison serait donc obligé pour vivre, soit d'avoir un travail à côté (et donc moins de temps pour faire profiter les autres de son don), soit de demander la charité auprès de sa communauté. Quoi qu'il en soit, la bonne nouvelle, c'est que vous avez tous ce don de guérison quand vous utilisez les nouvelles énergies !

Si vous préférez donner des séances gratuitement parce que vous avez assez d'argent de côté, c'est super. Mais n'oubliez pas que ne serait-ce que le temps que vous consacrez aux autres a de la valeur, alors ne le galvaudez pas non plus, car certains chercheront à abuser de votre bonté. Certaines personnes pensent en effet que tout leur est dû, et n'imaginent même pas débourser un centime. Elles sont convaincues de n'être que de pauvres victimes impuissantes, qu'il faut absolument aider pour réparer une injustice. N'ayant pas le courage de prendre la responsabilité de leur vie, elles cherchent un sauveur prêt à se sacrifier pour elles. Est-ce vraiment le rôle que vous souhaitez jouer ? C'est magnifique de donner pour le plaisir de donner. Par humanité, par compassion, parce que le malheur de quelqu'un d'autre vous touche. Il n'y a rien de pire que l'indifférence. Mais si vous voulez vraiment contribuer au bien-être du plus grand nombre, cela demande quand même des ressources, des finances, de l'argent. Un de mes projets de long terme est de créer une organisation humanitaire qui propose des séances d'énergie à ceux qui n'ont pas accès aux structures de santé. Je ne pense pas que c'est en offrant mes séances gratuitement qu'un tel projet se réalisera un jour.

Première loi de Clarke :
Toute technologie suffisamment avancée est indiscernable de la magie.

Je ne sais pas comment cela fonctionne. Je fais quand même un drôle de métier : je ne peux pas expliquer rationnellement d'où viennent ces nouvelles énergies et ce qui se passe pendant une séance. Les chercheurs qui s'aventurent à faire des études sur ce sujet se comptent sur les doigts de la main. Ni mesurable, ni quantifiable, ni même précisément définie, cette énergie, le fameux *fluide* de la culture populaire, qui serait capable de passer d'une personne à une autre, reste à ce jour invisible dans l'œil du microscope. Pour un homme de science, tout cela est bien trop flou pour être sérieux. Comment alors en parler sans tomber dans la pseudoscience, en extrapolant grossièrement les expériences de physique quantique, et sans imposer aux autres de nouvelles croyances, en s'appuyant sur des concepts ésotériques ? Le terme de soin énergétique est aujourd'hui largement utilisé, mais je préfère parler de *séance d'énergie*. On ne touche pas la personne, comme pour un soin du visage. On ne soigne rien en particulier, ce n'est pas un traitement pour telle ou telle maladie. Il me semble aussi que le mot *soin* porte déjà en lui la promesse d'un résultat (la guérison), alors que le canal des nouvelles énergies ne fait aucune promesse. Il propose juste une expérience. Je rêve d'un futur où les personnes auront pris l'habitude de recevoir une séance d'énergie pour entretenir leur bien-être, comme elles s'offrent aujourd'hui une séance de cinéma pour se divertir.

Être canal, c'est se connecter aux nouvelles énergies et les laisser couler. Mais est-ce que la personne reçoit de l'énergie pendant la séance ? Est-ce aussi basique que de mettre de l'air dans un pneu pour le regonfler ? Dans ce travail, je ne crois pas qu'il y ait à proprement parler de transmission d'énergie. Certains disent que le guérisseur envoie de la lumière par le biais de ses mains et que c'est cette lumière qui guérit. Je ne doute pas que de la lumière émane des mains du canal, mais cela n'explique pas tout, car les séances d'énergie fonctionnent aussi à distance. Aussi surprenant que cela puisse paraître, il n'y a pas besoin d'être près de la personne. On peut en faire profiter quelqu'un qui se trouve à des milliers de kilomètres. Plus que la cause de la guérison, la lumière en est sa manifestation. Guérir, ce n'est pas que la disparition d'un symptôme. C'est un retour à l'équilibre de chacun des aspects de notre existence : notre biologie, nos émotions, nos pensées et le sens que nous donnons à ce qui nous arrive. À un moment, tous les curseurs arrivent au centre, et la lumière se fait.

Il y a certaines expressions qui reviennent quand mes clients me font un retour après la séance, notamment *mise à jour* et *téléchargement*. J'adore cette analogie avec l'informatique que je trouve très parlante. Il y a clairement un échange d'informations qui s'opère pendant ce travail. Recevoir ces nouvelles énergies, c'est en effet bénéficier d'un *"upgrade"* de tout notre système, de tous nos programmes et de tous nos circuits intérieurs, qui sont révisés et remis dans un état de fonctionnement optimal. Et c'est vrai autant pour celui qui reçoit que pour celui qui donne. C'est d'ailleurs toute la beauté de cette approche, puisque chaque séance que vous faites pour quelqu'un d'autre vous transforme aussi.

Si je devais décrire le fondement de ce travail en un mot, je parlerais non pas d'énergie, mais de technologie. Avec un brin de provocation, je dirais même que j'utilise une technologie trop avancée pour être appréhendée par la science actuelle. Arthur C. Clarke, un très grand auteur de science-fiction, l'a parfaitement énoncé dans sa première loi : *toute technologie suffisamment avancée est indiscernable de la magie*. Restons donc un moment dans le domaine de la science-fiction. Imaginez qu'il existe, dans une autre dimension, un autre vous-même, qui serait toujours en parfaite santé physique et psychique. Sa fonction serait d'être une sorte de matrice, avec l'intégralité des plans de fabrication de chaque partie de votre corps, les modes d'emploi de tous vos organes et les schémas de câblage de vos circuits neuronaux. Cette technologie permettrait de rapatrier, à partir ce modèle, toutes les informations nécessaires à votre réparation. L'analogie avec la technologie reste toutefois un peu sèche, car ce qui se passe pendant une séance me semble bien plus profond qu'un simple échange d'informations. Même si nous n'en avons pas forcément conscience, recevoir ces nouvelles énergies est une véritable cure de régénération pour notre âme. Après avoir connu la souffrance, le doute et la peur, elle peut enfin retrouver la paix. C'est tellement puissant que cela ouvre la porte à toutes les guérisons.

Cela me rappelle l'histoire de l'électricité. On l'a oublié, mais elle n'était au départ qu'une curiosité de salon et personne ne se doutait de son potentiel. On appelait *électriciens* les magiciens qui utilisaient certains phénomènes liés à l'électricité statique pour leurs numéros. Plus tard, certains chercheurs sont arrivés à domestiquer cette énergie en créant les premières piles. D'autres savants ont pris le relais et mis au point des applications, comme les ampoules et les moteurs électriques, qui ont bouleversé notre vie et marqué le début de l'ère moderne. Mais savez-vous qu'il fallut attendre encore cent cinquante ans pour que la science explique comment l'électricité fonctionne ? Pendant que le monde découvrait le confort de l'éclairage électrique, les scientifiques continuaient à débattre pour déterminer si l'électricité était un fluide, une onde ou un courant ! Il faut aussi comprendre que les études sont financées par des industries qui y trouvent un intérêt économique. Alors, ne perdons pas de temps à attendre un hypothétique feu vert de la science, et soyons pragmatiques. Sans même parler de résultats, quand on observe de ses propres yeux toutes ces réactions involontaires chez ceux qui reçoivent la séance : mouvements des paupières ou des doigts, muscles qui se contractent tout seuls, n'est-ce pas la preuve suffisante qu'*il se passe quelque chose de fort* ?

UN TRAVAIL D'ÉQUIPE

Je vais ici aborder un aspect beaucoup plus mystique de ce travail. Après la séance, il peut arriver que certaines personnes vous disent qu'elles avaient l'impression que quelqu'un leur touchait le bras, ou les chevilles, ou qu'il y avait quelqu'un d'autre dans la pièce. Peut-être aurez-vous également vous-même cette étrange impression. Je vous rassure, cela reste rare. Mais cette histoire de présence invisible, est-ce juste un délire ? Et bien... pas du tout : vous n'êtes pas seul dans ce travail, qui est un travail d'équipe !

Canaliser ces nouvelles énergies est une capacité innée de l'être humain, une chose aussi naturelle que de respirer. En même temps, il y a toute une équipe invisible qui vous accompagne et qui vous aide. On peut dire que ce sont des forces, des énergies dotées de conscience, qui ont chacune un rôle précis, un savoir-faire unique, voire même une personnalité. Ces forces appartiennent à des dimensions d'existence qui nous échappent encore. Elles sont à notre service, et ne demandent aucune contrepartie en échange de leur aide. Leur raison d'être est de nous aider à évoluer, tout simplement parce que leur propre évolution dépend de la nôtre. Tenter de comprendre leur fonctionnement est probablement une impasse, car leurs dimensions ne sont pas transposables à la nôtre. Essayer de les nommer est tout aussi difficile, car la façon dont on les perçoit dépend de notre prisme intérieur, de notre éducation et de nos croyances. D'ailleurs, j'ai entendu toutes sortes de descriptions de ces présences. Mon cabinet doit être une bonne adresse, car il a accueilli un véritable petit bottin spirituel : des maîtres spirituels, des Bouddhas, quantité d'anges et d'archanges.

En ce qui me concerne, voici ce que j'en perçois. Trois présences composent le noyau de base de mon équipe de l'invisible. Elles sont parfois rejointes par un guide de la personne, et en fonction des besoins, par d'autres présences spécialisées. Dans le trio de base, celui qui travaille le plus est un Pléiadien. Il y a aussi l'esprit d'un minéral, le quartz rutile, dont le rôle est de faciliter les reconnexions des brins d'ADN. La troisième présence est issue de l'intra-terre. Elle est de couleur dorée et a une forme de méduse, avec une partie de son corps en sous-sol. L'intra-terrien est un peu l'ingénieur de l'équipe, et d'après ce que j'ai compris, c'est notamment grâce à lui que cette technologie a pu voir le jour. En ce qui concerne l'énergie cristalline, c'est une toute autre équipe. L'essentiel du travail est effectué par une présence intergalactique. Des Sephiroth interviennent pendant les séances, mais je n'ai pas encore bien identifié lesquels. Les Sephiroth sont les dix puissances créatrices de la Kabbale, souvent représentées sous la forme d'un arbre de vie.

J'ai aussi remarqué la présence d'un maître Atlante qui m'aide à être un meilleur pédagogue pendant mes ateliers de formation.

Avoir conscience que vous n'êtes pas seul dans ce travail est très rassurant, car ces présences peuvent rattraper le coup si vous ne faites pas au mieux, ou si vous ne sentez pas grand-chose au début de votre pratique. Alors, détendez-vous, et si vous les sentez, remerciez-les de tout votre cœur ! Quoi qu'il en soit, il n'y a pas besoin de croire à l'intervention de présences invisibles pour profiter de ces nouvelles énergies. Tout en en étant convaincu, je n'en parle que très rarement, préférant rester le plus neutre possible dans ma communication. Par ailleurs, même si la réalité éthérique peut apporter des éclairages intéressants, ce n'est qu'une dimension parmi d'autres, et je n'en fais pas ma seule grille de lecture. Résumer une séance d'énergie à l'intervention d'une présence serait réducteur, car ce n'est qu'un aspect de ce qui se joue en même temps sur tant d'autres plans.

Il est possible que certains initiés (médiums, chamanes ou guérisseurs) aient capté l'énergie de la reconnexion par le passé, mais on n'en trouve la trace écrite qu'à partir du début des années soixante-dix, dans deux ouvrages ésotériques : *What is Lightbody ?* de Tashira Tachi-ren, et *Les Clés d'Enoch* de J.J Hurtak (à ne pas confondre avec le *Livre d'Hénoch* de l'Ancien Testament). Ces livres présentent des concepts intéressants, sans pour autant proposer le moyen de capter et d'utiliser l'énergie de la reconnexion. Ils décrivent (entre autres sujets) les *lignes axiatonales,* qui seraient une forme évoluée des méridiens d'acupuncture. Ces lignes ne se limiteraient pas au corps (comme les méridiens), et relieraient l'homme à tout ce qui est vivant, et à l'univers tout entier, à travers un maillage appelé *grille axiatonale.* Nous aurions tous ces lignes en nous, mais uniquement à l'état de potentiel, dans ce qui est appelé le corps de lumière (un de nos corps énergétiques). À un moment de notre parcours, nous aurions perdu cette connexion avec la grille axiatonale, et nos lignes seraient devenues inactives. Ces ouvrages évoquent pour la première fois la possibilité de se reconnecter à la grille axiatonale, pour que son énergie circule à nouveau en nous.

Ce n'est qu'au tout début des années quatre-vingt-dix qu'une jeune Américaine découvrit le process pour se reconnecter à cette grille. Lors d'une méditation, elle eut l'inspiration d'un protocole en deux parties, qui consiste à tracer avec le doigt un ensemble de points et de lignes sur le corps humain. En fait, elle percevait (par flash) depuis son enfance ces points et ces lignes sur les gens qu'elle croisait. À un moment de sa vie, elle s'engagea sur un chemin spirituel en pratiquant régulièrement la méditation. C'est au cours d'une méditation, lors d'une retraite avec le grand maître indien Maharishi Mahesh Yogi, connu comme le "gourou des Beatles" et fondateur de la méditation transcendantale, qu'elle reçut le protocole de la reconnexion à la grille axiatonale. Elle l'appliqua sur de nombreuses personnes en constatant des résultats très positifs dans leur vie, notamment des guérisons physiques, et le transmit à de petits groupes pendant une dizaine d'années, sous le nom d'*alignement axiatonal.*

L'un de ses élèves, un chiropracteur californien doté d'une grande sensibilité dans les mains trouva par hasard une autre application de l'énergie présente dans le process. Il découvrit que cette énergie pouvait être utilisée en dehors du protocole, sans toucher la personne, sous la forme d'un soin énergétique. En formant des dizaines de milliers de personnes (dont moi !) à cette nouvelle approche de la guérison par l'énergie, sans rituel et sans technique, il participa à la diffusion massive de l'énergie de la reconnexion aux États-Unis, en Europe et en Australie. J'ai largement contribué à l'essor de cette pratique en France, en initiant et en contribuant à organiser deux grands séminaires à Paris. L'énergie de la reconnexion s'est tellement bien répandue, qu'il n'est pas rare aujourd'hui que des personnes sensibles (en général des magnétiseurs) se mettent à la ressentir spontanément dans leurs mains, sans en avoir jamais entendu parler !

Dans ce contexte, la rencontre de cette jeune Américaine avec le maître indien prend beaucoup de sens. En effet, Maharishi avait annoncé dès les années soixante qu'un petit nombre de personnes pratiquant sa technique de méditation serait suffisant pour améliorer sensiblement la qualité de la vie dans toute la société, notamment par une diminution de la violence et de la criminalité. La communauté scientifique a commencé à s'intéresser à ces transformations et les a étudiées systématiquement, d'abord à l'échelle urbaine, puis nationale et depuis peu à l'échelle mondiale. Les sociologues ont appelé *effet Maharishi* l'influence d'harmonie et de progrès s'exerçant sur un groupe lorsqu'une fraction de sa population médite. Ce seuil à partir duquel des changements collectifs sont observables est estimé à racine carrée de 1 % de la population.

Ce concept est également très proche de la *théorie du centième singe*. Des scientifiques japonais ont étudié des macaques sur l'îlot de Koshima, de 1952 à 1965. Une femelle appelée Imo avait pris l'habitude de tremper les patates douces dans l'eau d'une main et de retirer le sable qui les couvrait de l'autre avant de les éplucher et les manger. En quelques années, les scientifiques ont observé que ce nouveau comportement s'était répandu à tous les jeunes singes de l'île, par mimétisme. La théorie du centième singe décrit le phénomène par lequel un apprentissage se serait répandu depuis un petit groupe de singes à toute la population des singes de la même espèce, une fois qu'un certain nombre d'entre eux aurait été atteint. Cette théorie se rapporte plus largement à la propagation d'une idée, d'un savoir ou d'une capacité au sein d'une population, sans qu'il y ait de transmission visible, et une fois qu'un nombre clé de personnes aurait acquis ce savoir ou cette capacité. On retrouve aussi cette idée dans le concept de résonance morphique de Rupert Sheldrake.

Cristallin, cristalline.

Semblable au cristal par la pureté, la limpidité, la transparence, la sonorité.

RENCONTRE AVEC L'ÉNERGIE CRISTALLINE

J'ai capté pour la première fois cette énergie le 1er juin 2015, alors que je faisais une séance avec l'énergie de la reconnexion pour ma compagne. Au bout de deux minutes, l'air est soudainement devenu beaucoup plus léger autour de mes mains. Le majeur de ma main droite s'est incliné tout seul, pendant que mon petit doigt se relevait. Ce dernier avait déjà tendance à se mettre tout seul en l'air avec l'énergie de la reconnexion, mais là, c'était encore autre chose, c'étaient de toutes nouvelles sensations. Mon cœur se mit à battre très fort. Des décharges électriques m'ont parcouru la colonne, au point de la faire tressaillir. Quand mon majeur passait sur certains points, à une trentaine de centimètres de distance du corps de ma compagne, ma main s'immobilisait, mon cœur battait encore plus fort, et je sentais de l'électricité passer dans mes mains, comme si mon majeur devenait un laser. La sensation était aussi liquide. Un flux cherchait à couler librement, et au contact d'une résistance, il prenait de plus en plus de force, jusqu'à la faire sauter. Comme une rivière en crue qui fissure un barrage. J'avais aussi l'impression que cela travaillait dans l'infiniment petit.

Magali : *Mais qu'est-ce que tu fais ? Ce n'est pas comme d'habitude !*

François : *Oui, pareil, c'est différent pour moi aussi, je ne sais pas ce qui se passe, veux-tu que j'arrête ?*

Magali : *Non ! Continue !*

Pendant les séances avec l'énergie de la reconnexion, je perçois une sorte de brume qui entoure le praticien et la personne qui reçoit, comme s'il y avait un nuage de lumière dans la pièce. Là, je découvrais, à l'intérieur de ce nuage, un autre espace encore plus lumineux. Une petite voix en moi me poussait à franchir la porte, à oser explorer ce territoire inconnu. L'intensité des décharges électriques qui parcouraient mon corps était à la limite du soutenable, mais en même temps, j'étais complètement euphorique, comme un enfant qui découvre un nouveau terrain de jeu. Ce soir-là, je me suis couché à la fois heureux et perplexe. J'avais conscience d'avoir vécu un moment de grâce, tout en étant incapable de comprendre ce qui s'était passé. Allais-je pouvoir renouveler cette expérience, et comment m'y prendre ? Était-ce de l'énergie pour guérir, et de quoi ? Était-ce de l'énergie de la reconnexion en plus concentré, ou tout autre chose, par exemple un don pour guérir de quelque chose de particulier ? Magali, qui a peu de réactions involontaires quand elle reçoit l'énergie de la reconnexion, avait beaucoup bougé, avec des mouvements que je n'avais encore jamais remarqués chez personne (en plus de deux mille séances). Était-ce qu'elle couvait une maladie pour avoir autant de réactions? Le soir de cette grande expérience, j'eus beaucoup de mal à trouver le sommeil, avec toutes ces questions qui fusaient dans la tête. Malgré mon impatience, il était beaucoup trop tôt pour comprendre cette "chose". Je savais que les réponses allaient venir, au bon moment, sous une forme ou une autre. L'étiqueter trop vite aurait enlevé tout le charme de sa découverte, et aurait peut-être même limité sa puissance.

Je n'eus finalement aucun problème pour recommencer l'expérience le lendemain. J'appris à optimiser mes sensations, et une gestuelle spécifique se mit naturellement en place. Je découvris aussi que je pouvais "switcher" facilement de l'énergie de la reconnexion à cette "chose" : il suffisait que j'y pense, en fermant mes poings ou en claquant des doigts. Je commençai tout doucement à en parler autour de moi. Dans les trois mois qui suivirent, une vingtaine de curieux acceptèrent de tester cette énergie. C'était intéressant, car des choses revenaient dans leurs commentaires d'après-séance, comme "c'est une énergie très pure, elle est légère", "elle est douce et très puissante en même temps", "il y a un lien avec les cristaux", ou encore "elle procure une grande détente, un apaisement du cœur". Plusieurs personnes me firent aussi part de souvenirs oubliés qui remontaient à leur mémoire pendant la séance, ou peu de temps après. Au mois d'août, je suis allé voir Yann, un ami qui est un grand expert en géobiologie et qui travaille aussi sur les capacités inconnues du corps humain. Pendant que je lui faisais une séance avec ce que j'appelais encore prudemment "une chose", il fit toutes sortes de mesures et me confirma certaines intuitions.

J'appris qu'il s'agissait bien d'une énergie de guérison, mais dont le véritable rôle est d'aider les personnes à grandir spirituellement. Elle est liée à la grille cristalline, une des grilles magnétiques terrestres, qui ne s'est activée que fin 2012. Sa vibration est plus élevée que l'énergie de la reconnexion. Techniquement, elle permet de construire et de purifier notre corps cristallin, qui est l'un de nos corps de lumière. Pendant que Yann réalisait les tests, j'eus envie de l'appeler tout simplement "énergie cristalline", et il nous fut immédiatement confirmé que c'était juste. En faisant des recherches sur internet avec le terme "énergie cristalline", j'ai trouvé quelques rares informations, principalement issues de channelings, qui parlent de l'émergence d'une grille cristalline et de son impact positif sur la conscience de l'humanité. Je trouvai aussi le terme de fréquences cristallines, utilisé pour décrire les vibrations sonores émises par les bols chantants en cristal. J'en ai d'ailleurs un chez moi, ainsi qu'un grand diapason, mais cela n'a rien à voir avec ce que j'appelle l'énergie cristalline. C'est une tout autre expérience, qui n'est pas liée à la vibration du cristal en tant que solide. Cette énergie cristalline est disponible partout, et à tout moment, à quiconque y fait appel, mais il me semble néanmoins que certains endroits de la planète en sont particulièrement chargés. J'ai l'intuition que c'est le cas, entre autres, de l'île de Vancouver, des environs du lac Baïkal et des îles Baléares.

Depuis que cette énergie est entrée dans ma vie, je continue à apprendre de nouvelles choses sur elle, comme on découvre le caractère d'un enfant au fur et à mesure qu'il grandit. Chaque personne est unique, et reçoit ce qui est juste pour elle, et en fonction de son degré d'ouverture, mais après ces deux ans de pratique, de recherches, de retours clients et après avoir formé plus d'une centaine de personnes à cette approche, voici ce que je peux en dire. L'énergie cristalline est une énergie de guérison et de transformation. C'est une énergie du cœur qui nous invite à faire l'expérience de l'unité. En dissolvant nos perceptions négatives et nos peurs les plus profondes, elle favorise l'ouverture du cœur, la paix de l'esprit et la joie. Elle nous rend plus sereins et plus vivants. Elle réveille notre créativité et fait rayonner notre être intérieur. Elle est en parfaite résonance avec l'énergie de la Kundalini, et peut provoquer son éveil chez certaines personnes prédisposées. Elle favorise le rapatriement de savoirs accumulés lors de nos vies antérieures. Du fait de sa pureté et de sa vibration extrêmement élevée, elle est perçue comme plus puissante que les autres énergies disponibles jusqu'alors (par exemple le Reiki ou l'énergie de la reconnexion, deux autres approches que j'ai massivement pratiquées). Elle permet de construire et de purifier notre corps cristallin, l'un de nos corps de lumière. Un nombre considérable de personnes me rapportent que leurs relations ont changé, qu'ils sont devenus plus authentiques, plus francs avec les autres, mais sans brutalité, avec fermeté et rondeur. J'en ai fait moi-même l'expérience depuis que je reçois cette énergie. Dans des situations où il y a normalement beaucoup de tensions (réunions de famille, réunions de travail), on n'est plus sous l'emprise de nos émotions, et du coup, on réagit de manière beaucoup plus posée. Comme on ne dépense plus d'énergie avec des émotions incontrôlées, cette énergie devient disponible pour libérer toutes nos capacités intellectuelles, de raisonnement, d'argumentation et de logique, tout en restant dans le cœur.

Vous avez sûrement remarqué que j'ai choisi l'image du diamant en couverture de ce livre. Le diamant est un symbole d'amour, de beauté, de pureté, de transparence, de perfection et de grande valeur. Ce diamant est le plus fabuleux des trésors que vous puissiez trouver, et il ne tient qu'à vous de le découvrir.

Ne cherchez pas à l'extérieur : il se cache au plus profond de vous, dans le minuscule espace sacré de votre cœur. Ce diamant est notre cœur cristallin, qui brille de mille feux et qui nous relie à l'ensemble de la création. Il est le point d'entrée de la conscience de l'unité, aussi appelée conscience christique.

Je me suis aussi rendu compte que capter cette énergie n'était pas un don réservé à de rares élus, et que je pouvais apprendre aux autres à la canaliser. Mon premier stage, en avril 2016, a été un moment inoubliable. C'était tellement beau de voir ce petit groupe de huit personnes, aux profils très variés, retrouver leur capacité à être canal, arriver à switcher d'une énergie à l'autre avec une aisance déconcertante, et tenir une séance complète comme s'ils avaient fait cela toute leur vie. J'ai aussi été ravi de découvrir que les animaux pouvaient profiter de cette magnifique énergie. Camille, mon assistante de formation, qui est passionnée par la communication animale, a réalisé un de mes rêves, en proposant un atelier d'une journée où les participants apprennent, dans le cadre d'une ferme, à faire des séances d'énergie cristalline aux animaux.

Il y a sept ans, j'ai décidé de me consacrer entièrement à la diffusion des nouvelles énergies en en faisant mon métier. Je suis humainement comblé parce que ce je vis, mais je dois avouer que financièrement c'est pour le moins précaire, voire par moment franchement préoccupant. Alors, un peu désespéré et à court d'idées, j'ai demandé de l'aide à l'univers. J'attendais une inspiration, une piste pour être enfin plus à l'aise sur le plan matériel. Je voulais une réponse concrète, du business, et j'étais ouvert à tout, par exemple qu'un ami me propose de monter un resto avec lui. À peine avais-je formulé ma demande que j'entendis une réponse. Ce n'était pas ce que j'attendais, mais c'était parfaitement limpide : *fais entrer plus de cette énergie dans ta vie...*

L'énergie cristalline sait comment nous prendre, en douceur, pour fissurer nos carapaces et laisser couler la grande vie dans nos petites vies. Elle nous invite à nous abandonner à un grand mystère : celui qui relie tous les cœurs de l'univers.

REIKI ET NOUVELLES ÉNERGIES : MÊME FAMILLE

C'est difficile de comparer les énergies. Il s'agit de ressenti avant tout, et cela dépend de chacun. Et puis il n'y a pas d'énergie meilleure qu'une autre dans l'absolu. La pratique de la guérison par imposition des mains est très ancienne (on a retrouvé la trace de cette pratique sur un papyrus égyptien). Pour faire simple, je dirais que le magnétisme, c'est la capacité des mains à diffuser une bonne énergie, que l'on ressent par une certaine chaleur qui s'en dégage. On en a plus ou moins à la base. Le magnétiseur, qui en a largement plus que la moyenne, fait en quelque sorte office de pile, et transfère cette bonne énergie au patient par le biais de ses mains. Dans le magnétisme, il ne s'agit pas de laisser couler, mais de faire : repérer des zones perturbées (en déficit ou en excès d'énergie) et les traiter en opérant par chirurgie éthérique pour enlever les mauvaises énergies, puis effectuer un pansement de bonne énergie.

Le Reiki est plus récent que le magnétisme; il a été inventé en 1922 par Mikao Usui, un moine bouddhiste qui l'a ensuite largement popularisé au Japon. Le Reiki est une énergie très douce, féminine et enveloppante. C'est l'énergie de vie, l'énergie d'amour qui circule dans tout le vivant. Le Reiki procure une détente du système nerveux qui aide à calmer le stress, et répare à merveille les blessures émotionnelles. Le Reiki et les nouvelles énergies font clairement partie de la même famille, dans le sens où il s'agit de laisser couler, sans intervenir. On fait appel à une intelligence qui sait très bien où aller, sans besoin de la diriger. À la différence des nouvelles énergies, qui sont accessibles à n'importe qui, il est nécessaire d'avoir reçu une ou plusieurs initiations pour pouvoir donner une séance de Reiki. Avec le magnétisme, ou le Reiki, il faut avoir les mains très près de la personne. Ce n'est pas le cas des nouvelles énergies, qui nous poussent à étirer, car plus on s'éloigne du corps, plus les sensations sont fortes. C'est très intriguant, car cela contredit la science, qui affirme qu'une énergie décroît avec la distance.

L'énergie de la reconnexion est plus récente que le Reiki, puisque sa diffusion date du début des années quatre-vingt-dix. Avec les nouvelles énergies, on rentre dans une forme beaucoup plus puissante de l'énergie de guérison. En termes de transfert d'informations, c'est comme si l'on était passé du modem à bas débit à de la 3G. Alors que le magnétisme ou le Reiki provoquent peu ou pas de sensations chez le receveur, sauf s'il est très sensible, on rentre avec les nouvelles énergies dans quelque chose de tangible, de palpable. Il y a bien sûr ces mouvements involontaires de la personne qui reçoit, et tout ce que l'on sent dans ses propres mains quand on est canal.

L'énergie cristalline est la petite dernière de la famille : elle ne nous serait accessible que depuis fin 2012 (le douze décembre pour être exact), quand la grille cristalline a été totalement activée. Du fait de son taux vibratoire plus élevé, elle peut être perçue comme plus puissante, et en même temps plus légère. L'énergie cristalline, c'est la pureté, la précision et la subtilité. En dissolvant nos peurs les plus profondes, elle rend nos mécanismes de défense obsolètes, pour que les masques tombent et que notre être intérieur rayonne. L'énergie cristalline est une énergie du cœur qui nous invite à faire l'expérience de l'unité. Si l'on cherche à comparer l'énergie de la reconnexion et l'énergie cristalline, on pourrait d'abord dire que l'énergie de la reconnexion est "yang", car elle a tendance à passer en force, alors que l'énergie cristalline est plus "yin" : elle sait comment nous prendre, en douceur, pour nous amener sur le chemin de la guérison. Pour le praticien, il y a aussi une différence dans la gestuelle, l'énergie cristalline s'utilisant de manière plus précise, on pourrait même dire de manière chirurgicale. On peut aussi dire que l'énergie de la reconnexion révèle notre âme, alors que l'énergie cristalline révèle notre être. Imaginez une lampe de chevet : ampoule et abat-jour. Chaque abat-jour est différent : taille, teinte, matière. L'abat-jour représente ici notre âme, qui a bien une personnalité : il y a des âmes d'artistes, des âmes de guérisseurs, des âmes de guerriers... Dans cette image de la lampe de chevet, l'ampoule représente notre Être. C'est la part de divin qui réside en nous, et qui cherche à déployer sa lumière.

RECONNEXIONS AUX GRILLES TERRESTRES

La Terre est parcourue par des réseaux de flux énergétiques entrecroisés qui composent un maillage invisible. Des lignes droites relient des vortex énergétiques qui émergent à la surface de la Terre. Certains de ces réseaux portent la vibration de métaux comme l'or, le cuivre et l'argent. La mise en évidence de ce réseau a débuté en Europe à la fin du XVIIIème siècle. Des passionnés, scientifiques, radiesthésistes et géobiologues continuent d'étudier ces phénomènes. En fait, plus le nombre de lignes qui se croisent en un lieu est important, plus le lieu est énergétiquement fort. Tout a commencé par l'observation que beaucoup de sites sacrés sont alignés, sur des distances allant de quelques kilomètres à des milliers de kilomètres, et situés à des endroits précis de la planète. Les anciens devaient ressentir les hautes vibrations de ces endroits, et se rendre compte qu'ils étaient propices à l'élévation de la conscience, car ils les choisissaient comme lieux de cérémonies et pour y édifier les premiers temples. Plus tard, les bâtisseurs de cathédrales ont exploité et amplifié ces vibrations par l'architecture, en faisant appel à la géométrie sacrée.

En 1973, une équipe de trois Russes, Nikolai Goncharov, historien, Valery Makarov, spécialiste en électronique et Vyacheslav Morozov, ingénieur en bâtiment, a repris les travaux préliminaires d'un biologiste américain, Ivan Sanderson, et inventé le terme de *grille cristalline* pour décrire le maillage qu'elle a mis en évidence, qui dessine une configuration géométrique régulière basée sur une architecture de polyèdres. Pour cela, ils ont inventorié les lieux de la Terre qui sont le siège d'activités électromagnétiques et thermiques : anomalies magnétiques et gravitationnelles, zones de fractures sismiques, crêtes de relief sous-marin, zones de climat extrême, plans de vol d'oiseaux migrateurs, sites de cités antiques. Leurs conclusions sont énoncées dans un article intitulé : *La terre est-elle un gigantesque cristal ?* publié dans le journal des sciences soviétiques Khimiya i Zhizn.

Il existerait en fait non pas une, mais plusieurs grilles terrestres. Chacune aurait sa spécificité, fonction et dimension. Elles seraient indépendantes mais néanmoins toutes reliées entre elles. La Table d'émeraude, un des textes les plus célèbres de la littérature ésotérique, énonce la fameuse correspondance entre le macrocosme et le microcosme : *ce qui est en bas est comme ce qui est en haut, et ce qui est en haut est comme ce qui est en bas.* On peut donc imaginer que ce maillage terrestre constitue un système vital analogue à celui de notre corps, lui-même parcouru par ce que les Chinois ont appelé méridiens, ou nadis pour les hindous. Avec l'apparition de la vie biologique, une certaine forme de structure énergétique se serait mise en place autour de la Terre, par résonance ou effet de miroir. Nous arrivons aujourd'hui à un stade de l'évolution où nos corps énergétiques sont progressivement invités à se reconnecter à ces grilles.

Dans un chapitre précédent, j'ai évoqué l'histoire de cette Américaine qui découvrit le protocole pour se reconnecter de manière permanente à la grille axiatonale. On appelle cela recevoir sa reconnexion. Comme j'ai eu la chance de reconnecter plus de quatre cents personnes en cinq ans, je dispose d'un certain recul sur les effets de ce protocole. Il est important de préciser qu'il ne s'agit pas d'une séance d'énergie classique, car l'objectif n'est pas de guérir. C'est une sorte d'initiation, comme les rites de passage qui existent dans de nombreuses cultures. Il y a un avant et un après, quelque chose qui change en vous, même si c'est parfois difficile à définir. Au-delà de l'aspect technique (être reconnecté à ce réseau), c'est une reconnexion à vous-même, à votre âme, à ce qu'il y a d'unique et de vibrant en vous. Son impact varie selon les personnes, mais on peut globalement dire que c'est un accélérateur de vie. On est mis ou remis sur notre chemin de vie. Les choses s'accélèrent autour de nous pour que nous devenions plus rapidement qui nous sommes. La reconnexion rend les personnes plus inspirées et plus instinctives, et du coup leurs choix sont plus faciles à poser. Une fois votre reconnexion effectuée, vous commencez à rapatrier des fragments de vous-même, que vous aviez mis de côté pour tout un tas de raisons, et qui font pourtant partie de vos couleurs. Ce n'est pas fait pour les gens qui veulent un résultat tout de suite, car votre reconnexion se matérialisera petit à petit, au fil des ans, et à votre propre rythme. Être reconnecté ne vous donnera pas de superpouvoirs, et ne fera pas de vous quelqu'un de plus sage ou de plus évolué spirituellement. Les adeptes de la pensée magique en seront déçus, car cela n'empêche pas de traverser des moments difficiles. Mais si vous êtes dans un état d'esprit ouvert au changement, votre reconnexion sera une étape majeure, comme si vous passiez à la vitesse supérieure dans votre vie.

Je prends personnellement beaucoup de temps pour expérimenter les nombreuses voies et méthodes qui permettent de libérer le potentiel humain. En tant que passionné de transformation personnelle, je sais bien qu'il n'y a pas de voie royale pour se réaliser. Chacun son chemin, et la voie de l'énergie n'est qu'une voie parmi d'autres, mais je peux affirmer que la reconnexion est l'une des approches les plus puissantes que j'ai rencontrées. Recevoir sa reconnexion est loin d'être un acte égoïste, car votre changement impactera toute votre communauté, votre famille, vos amis et vos collègues. Il est intéressant de savoir que l'on peut se reconnecter non seulement à la grille axiatonale, mais aussi, et depuis peu de temps, à la grille cristalline, via un autre protocole. La grille cristalline a été totalement activée le douze décembre 2012, et a marqué l'entrée de l'humanité dans une nouvelle ère. L'énergie qu'elle véhicule est une plateforme à partir de laquelle nous pouvons avancer vers plus de paix, de joie et de réalisation. Au contact de cette énergie d'amour pur, nos automatismes, réactions, perceptions et schémas de pensées qui sont basés sur la peur vont petit à petit disparaître, pour ne garder que ce qui est aligné avec l'amour. Au cours de ce process, votre corps de lumière se transforme graduellement, passant d'une structure à base de carbone à une structure cristalline. Le corps cristallin est l'un de nos corps de lumière les plus avancés. Cette transformation se passe également au niveau de la planète, et pour toutes les espèces qui y vivent. Une grande mutation est en cours, nous donnant accès à des niveaux vibratoires et à des niveaux de conscience de plus en plus élevés. C'est aussi un double jeu, parfaitement vertueux : en choisissant de devenir cristallin, vous contribuez à renforcer la puissance de la grille cristalline. Vous devenez un relais de son énergie, qui devient de plus en plus présente, de plus en plus palpable, pour le bénéfice du plus grand nombre.

J'ai triché pendant quarante ans de ma vie. Je suis né hypersensible, avec le sentiment d'être un étranger dans un monde que je ne comprenais pas, et qui me faisait parfois peur. Mais au lieu d'assumer cette sensibilité exacerbée, j'ai tout fait pour la cacher, en mentant aux autres, et surtout en me mentant à moi-même. Je voulais m'intégrer à cette société, profiter de la vie et de ses plaisirs, trouver un métier qui m'épanouisse, gagner de l'argent et être heureux. Je voulais aussi rendre ma famille heureuse, car j'étais un peu le vilain petit canard de la famille (nombreuse), celui qui leur causait du souci. Je me sentais inadapté, comme si j'avais un défaut de fabrication, comme s'il me manquait quelque chose que les autres avaient, et que je n'arrivais pas à obtenir. Je vivais ma sensibilité comme un handicap honteux, que je devais cacher à tout prix. Mais j'avais beau me remettre en question, essayer de changer, de comprendre et d'imiter les autres, je n'arrivais pas à trouver ma place. Une certaine détresse m'a longtemps secrètement habité. Je croyais que j'avais un problème. Non pas que j'étais trop émotif (sensibilité et émotivité sont deux choses différentes), mais je me jugeais trop sensible, trop gentil, et pas assez sûr de moi. En un mot, pas assez fort.

Cela a commencé dès mon premier jour de maternelle, à la première récréation. J'étais effrayé par ces enfants qui se bousculaient, criaient et couraient dans tous les sens. J'avais envie de m'amuser avec eux, mais je ne comprenais pas pourquoi ils étaient aussi excités. Je n'ai pas pu dire un mot de la journée, j'étais paniqué, vitrifié. À partir de ce moment, on m'a mis une étiquette, celle de l'enfant timide. Paradoxalement, il m'arrivait aussi de prendre la parole en classe de manière spontanée, en posant une question provocatrice et insolente qui sortait d'on ne sait où et qui faisait pouffer de rire mes camarades. Mes professeurs me voyaient comme un doux rêveur et un insolent. Pour mes camarades, j'étais imprévisible, insaisissable, on ne savait jamais ce que je pensais et ce que j'allais dire. J'avais en effet le talent de mettre à nu les traits de caractère d'une personne avec quelques mots bien choisis, et je le faisais toujours au moment où elle s'y attendait le moins. Un talent mal maîtrisé, car cette attitude ne m'attirait pas beaucoup d'amis, et j'ai eu une enfance assez solitaire. Il m'était impossible de m'intégrer à une bande. Mon désarroi vis-à-vis des autres enfants était d'autant plus grand qu'à la maison, je pouvais jouer avec mon frère jumeau avec qui il n'y avait pas besoin de parler pour se comprendre.

Je n'arrivais pas à exprimer aux autres l'intensité de mon monde intérieur, de peur de passer pour un niais ou pour quelqu'un de bizarre. Je voyais bien que je n'étais pas cablé comme les autres. Ils étaient tout le temps dans l'action, et pouvaient passer à côté de véritables merveilles sans même les remarquer. Dans certaines situations, j'avais même l'impression de vivre avec des barbares, incapables de voir le beau et de se comporter dignement. De par mon hypersensibilité, il suffit que je sois près de quelqu'un pour capter des informations sur ses émotions et ses pensées. Je ne contrôle pas ces perceptions et si elles sont trop désagréables, elles me saturent au point de chercher la solitude pour me ressourcer.

J'ai essayé tant bien que mal de ressembler à ce que l'on attendait de moi. J'ai porté les masques de l'officier de marine, de l'étudiant en école de commerce, du commercial et du manager. Malgré mes efforts pour y croire et donner de ma personne, je ne suis jamais arrivé à prendre ces rôles très au sérieux, et je n'ai pas eu beaucoup de réussite. Je ne regrette rien de ce parcours, car il m'a permis de nourrir ma soif de rencontres et de voyages et m'a bien ancré dans la réalité. Après quinze ans de galères professionnelles, j'étais fier d'avoir réussi à décrocher un poste enviable dans une grande société. J'avais enfin l'impression d'avoir vaincu mes vieux démons et commencé à construire quelque chose de stable. J'avais trouvé une passion (je suis chercheur d'or) qui m'apportait la dose d'aventure et de liberté dont j'avais grandement besoin pour compenser le sentiment d'être en prison quand j'étais au bureau. Au fond de moi, même si je ne voulais pas le reconnaître, j'étais très malheureux et pour mon âme, il y avait urgence. Il fallait que j'arrête de faire semblant d'être un autre, c'était une question de survie. Il faut croire que la vie est bien faite, car elle m'a donné une seconde chance, alors que j'étais vraiment désabusé, et que je n'étais pas en quête spirituelle.

J'ai alors vécu une série d'expériences mystiques qui m'ont transformé et changé à jamais ma vision du monde. J'ai traversé des états de conscience parfois extatiques, parfois proches de la folie. Je raconte ces expériences dans deux livres un peu romancés, mais autobiographiques : *La machine à relier*, et *Les rois mages*. Parce que j'étais allé trop loin dans l'imposture, mon âme m'a rattrapé brutalement pour me remettre sur mon chemin de vie. C'est suite à ces expériences que j'ai quitté mon job pour me consacrer à l'exploration de l'invisible, du potentiel humain et des grandes lois de l'univers.

C'était il y a six ans, et c'est la meilleure décision que j'ai prise de ma vie. Je m'adresse ici aux hypersensibles, aux enfants indigos, aux enfants cristal et à tous les amis de mon essence. Votre sensibilité n'est pas une tare. Vous n'êtes ni fous, ni inadaptés. Vous n'avez rien à guérir, et rien à cacher. C'est la société qui est en retard sur vous. Vous êtes des précurseurs, et vous l'avez choisi. Votre plus grand atout est cette extrasensibilité que vous croyiez être un défaut parce qu'elle n'est pas toujours comprise. Cela ne sera pas toujours facile, mais assumer votre sensibilité est une question de survie pour votre âme. Ce n'est même pas une question de courage, c'est que vous n'avez pas le choix.

Il y a quelques mois, Lilou, une de mes amies, m'a demandé si j'étais un enfant cristal. Je lui ai répondu en grognant que je n'étais pas un grand fan de ce genre d'étiquettes, qui peuvent être un piège pour les parents qui n'arrivent pas à gérer leurs enfants hyperactifs, ou les personnes qui fuient la réalité et cherchent à flatter leur ego spirituel. Malgré mes réticences, je me reconnais totalement dans le profil de ces enfants cristal. J'en avais eu la confirmation il y a quelques années au cours d'un stage de bio-énergie, où j'avais appris à mesurer (au centimètre près), la taille du champ vital, des shakras et le diamètre des tubes de perception extra-sensoriels. Être "indigo" ou "cristal" n'est ni une croyance, ni une vue de l'esprit basée sur des traits de personnalité : cela correspond à une réalité qui peut se mesurer. Les indigos et cristal ont un champ vital de plus de deux mètres, soit plus de cinquante centimètres que la moyenne de la population. Leurs tubes de perceptions extra-sensoriels sont très larges et ils ont tous au moins un don psychique parfaitement actif : clair-ressenti, claire-vision, claire-audience, claire-information ou médiumnité. C'est aussi quelque chose que je peux reconnaître quand je croise un indigo ou un cristal. Il n'y a pas besoin de les mesurer, cela se voit, cela se sent. Ils font moins que leur âge, car ils gardent toute leur vie une âme d'enfant et une certaine capacité d'émerveillement. Je perçois une lueur spécifique dans leurs yeux, ça pétille, ça vibre, et quand on parle avec eux, quel que soit le sujet, ils captent tout et tout de suite. On peut dire qu'ils ont un processeur interne plus rapide que la moyenne, et c'est aussi pour cela qu'ils peuvent vivre plusieurs vies en une.

Ce qui différencie indigos et cristal est leur vibration. Les indigos sont des révoltés, d'éternels rebelles, qui malgré leurs talents ont bien du mal à avoir des vies personnelles équilibrées et un solide compte en banque. L'énergie d'un enfant cristal est calme, pacifique, tranquille, posée, zen. Ils ont souvent de grands yeux brillants et n'aiment pas la lumière artificielle. Ils peuvent communiquer leurs émotions sans paroles, avec leurs yeux, ou par télépathie. Ils dégagent beaucoup d'amour, car ils portent peu de colère en eux, et voient surtout le bon chez les autres. Ils peuvent mettre les autres mal à l'aise en les fixant longuement. C'est qu'ils voient les gens avec une acuité rare dès leur plus jeune âge. Ils se connaissent aussi très bien, ont conscience de leurs émotions, et savent gérer leurs énergies. Ils vivent des enfances souvent difficiles, solitaires, même s'ils ne sont pas tous timides. Ils ont du mal à accepter ceux qui les entourent comme ils sont, et on peut les trouver intolérants. Pour eux, les discussions sur la pluie et le beau temps n'ont pas de sens, ils recherchent la profondeur dans les relations et sont sélectifs au niveau de leurs amis. Leurs valeurs sont l'authenticité et la recherche de l'absolu. Ils incarnent la pureté de l'être, car ils ne portent pas de masques. Ils sont allergiques aux mensonges et aux manipulations, qu'ils détectent immédiatement. Ils sont avides d'harmonie, ont un sens aigu de la vérité, de la justice et de la cohérence. Ils sont plus matures que les enfants de leur âge, et s'ennuient souvent à l'école. Celle-ci ne satisfait pas leur soif de connaissances, et ne leur donne pas non plus l'occasion de mettre à profit leur mode de fonctionnement, qui n'est pas courant : pour résoudre un problème, ils font autant appel à l'intuition qu'à la logique pure. Cette forme d'intelligence déroute les enseignants, pour qui le raisonnement hypothético-déductif est le seul valable.

Cette nouvelle génération est de plus en plus visible. Un nombre croissant de jeunes n'arrivent plus à rentrer dans le système éducatif, et leurs parents sont forcés de les déscolariser. Certains de ces enfants souffrent de dépressions précoces. Les psychologues sont désorientés, d'autant plus qu'en leur faisant passer des tests, ils constatent que ces enfants ont une intelligence bien supérieure à leur moyenne. On les classe alors dans une nouvelle catégorie : les surdoués, ou hauts-potentiels. Leur coller une étiquette ne résout bien sûr ni les soucis des parents, ni leur angoisse existentielle. Il faudrait pour cela créer de véritables alternatives au système scolaire classique, avec des écoles adaptées à ce type d'enfants. Leur absence de carapace et leur refus d'entrer dans les jeux de pouvoir engendre beaucoup d'incompréhension dans leur entourage, qui n'arrive pas à les cataloguer. Vite saturés par les énergies des autres, ils ont besoin d'être seuls pour méditer ou se ressourcer. Par exemple, s'ils sont avec des amis dans un café, ils auront tout d'un coup envie de bouger, de se lever, de changer d'endroit, parce qu'ils auront senti que c'était approprié, que les énergies ont changé, et ils cherchent toujours à les suivre, pour rester "dans le flow". Mais ce n'est pas un comportement socialement acceptable, et comment expliquer que "les énergies ont changé" ? Alors, ils n'osent pas le dire, se ferment, car ils ne se sentent plus bien dans leur peau, se coupent du groupe, et se déconnectent de la réalité.

Pour ces enfants cristal, qui ont tant de mal à s'adapter, recevoir une séance d'énergie cristalline est vécu comme un "retour à la maison", et les aide énormément à avoir la force de s'affirmer. Le terme d'enfant cristal n'est pas forcément le meilleur, car il ne s'agit pas d'âge. Certains adultes portent cette vibration en eux, et je préfère donc parler de peuple cristal. Les hypersensibles sont des précurseurs de ce à quoi va rapidement tendre l'ensemble de l'humanité. Le peuple cristal est de plus en plus nombreux et bientôt, nous serons tous extra-sensibles. Nous aurons tous un septième sens, celui qui permet de percevoir les vibrations qui nous entourent. C'est une question de circuit sensoriel, dont le peuple cristal est déjà équipé. Il ne s'agit pas non plus de mettre ces extra-sensibles au-dessus des autres en les plaçant sur un piédestal. Il n'est pas raisonnable non plus de les considérer comme des "extra-terrestres" (les "starseed"), même si ces âmes ont de fortes affinités avec certaines planètes ou populations stellaires. Elles ont des familles, une histoire et des racines, et ont les mêmes besoins que tout le monde, être aimé, se sentir utile. C'est juste qu'elles ont déjà fait un bon petit bout de chemin dans la grande galerie de l'évolution, et déjà expérimenté pas mal de choses. De toute façon, nous allons tous arriver à la même destination, et ce n'est pas une course de vitesse, même s'il y a un peu urgence à se réveiller au vu de la situation de la planète. Au fur et à mesure que les nouvelles énergies se répandent sur Terre, c'est tout le monde qui est amené à monter en vibration, à se purifier, à se cristalliniser.

Le fait qu'il y ait des guérisons physiques lors des séances n'est pas l'essentiel de ce qui se joue, il s'agit d'un plan beaucoup plus vaste. Chaque personne qui s'affranchit d'une peur, même minime, cesse de nourrir des blocs de négativité qui existent au niveau de notre inconscient collectif, dans un grand champ de conscience unifié. Ces blocs de négativité correspondent à des archaïsmes primitifs (violence gratuite, prédation) qui n'auront bientôt plus de raison d'être, et qui laisseront alors la place à un monde beaucoup plus pacifique. L'ère du Verseau, chère à la culture hippie, n'était pas une utopie. Les initiés de l'époque, qui se trompaient probablement en annonçant l'arrivée d'un nouveau messie, ont en revanche parfaitement anticipé l'arrivée de l'homme super-lumineux. Il s'agit bien de cela : se rappeler que nous sommes des êtres de lumière, venus s'incarner dans la matière pour y célébrer la grande vie.

Aucun homme n'est une île, un tout, complet en soi ; tout homme est un fragment du continent, une partie de l'ensemble ; si la mer emporte une motte de terre, l'Europe en est amoindrie, comme si les flots avaient emporté un promontoire, le manoir de tes amis ou le tien ; la mort de tout homme me diminue, parce que j'appartiens au genre humain ; aussi n'envoie jamais demander pour qui sonne le glas : c'est pour toi qu'il sonne.

John Donne, 1624

PERSONNE N'EST UNE ÎLE

Il n'y a jamais eu autant d'inégalités dans le monde. Une faible partie de la population concentre l'essentiel des richesses : la liberté de s'exprimer, un confort matériel sans précédent, un accès facile aux soins, aux transports et à l'éducation. Pendant que quelques privilégiés jouissent d'un luxe de possibilités encore jamais atteint dans l'histoire, l'immense majorité vit dans la précarité, la peur et le désespoir. Crises climatiques, crises politiques, crises économiques... Il est difficile de trouver des raisons d'être optimiste, et de s'accrocher à des repères quand tout s'accélère et devient incertain. J'ai la conviction d'assister à une période charnière pour l'humanité. Nous avons expérimenté la loi du plus fort, et peut-être avons-nous atteint la limite de l'exercice. Nous avons passé tellement de temps à exalter notre individualité que nous en sommes devenus inhumains, indifférents à la souffrance des autres. Nous avons juste oublié la base : *personne n'est une île*. Nous sommes tous reliés, interconnectés et interdépendants, à l'image des fils entremêlés d'une gigantesque tapisserie. Cet oubli, nous en payons le prix fort aujourd'hui. Nous avons mis la planète en péril avec notre égoïsme, notre voracité et notre cupidité.

L'accélération que nous vivons peut être source d'inquiétude, mais elle a ceci d'admirable qu'elle se joue également sur le plan de nos consciences. Nous avons accès, grâce aux nouvelles technologies, à une quantité phénoménale d'informations. Il ne se passe pas une semaine sans qu'un lanceur d'alerte dévoile un nouveau scandale, et les mensonges et les manipulations sont plus faciles à démasquer. C'est dans l'air du temps : dégoûtés par les vieux systèmes de pouvoir, nous sommes en demande de plus d'éthique, et de plus de transparence. Alors qu'une grande partie de la population achète encore le vieux modèle de la société de la consommation, un nombre croissant d'individus s'éveillent à d'autres réalités, dépeintes avec brio dans des films comme Matrix, Avatar ou Inception. La vie après la vie, le pouvoir de l'esprit, les capacités extra-sensorielles, la fabuleuse intelligence du cœur, les autres dimensions... Toutes ces choses dont on ne parle pas à l'école. Nous découvrons que nous sommes plus que ce qu'on nous a toujours raconté. Plus qu'un paquet de chair voué à disparaître, plus qu'un câblage de neurones programmé pour la survie en milieu hostile. Nous sommes plus, et nous pouvons plus. Une révolution est en cours. En nous éveillant à d'autres réalités, nous découvrons nos potentiels endormis, et un cycle vertueux s'enclenche, car il suffit d'une bougie pour en allumer des milliers...

RÉVEILLEZ VOTRE GÉNIE !

Si vous voulez faire bouger votre quartier, vous devez penser à l'échelle de votre ville. Si vous voulez que votre pays change, vous devenez raisonner à l'échelle mondiale. Autorisez-vous à rêver en grand ! Notre passage sur cette Terre est éphémère, et sans vision astronomique, vos belles idées seront peu à peu oubliées par les générations futures. Pour avoir un impact cosmique, nous devons incarner les êtres cosmiques que nous sommes. Ce n'est pas de la mégalomanie : nous partageons tous un même élan vers l'infini, et le désir d'explorer des plans d'existence de plus en plus vastes. Personne ne cherche à se rétrécir, et ne se lève le matin en se disant "Oh, aujourd'hui, j'ai envie d'avoir moins, et d'être moins qu'hier !" La vie est par nature exubérante, et connaître l'abondance est votre droit de naissance. Alors, pourquoi modérer vos ambitions ? Il n'y a pas de demi-mesure : on ne brille pas à moitié !

Ce n'est pas si compliqué de trouver sa mission de vie : cherchez ce qui vous fait vibrer, et faites-le, avec engagement, avec intensité. Maintenant ! Nous avons tous quelque chose de spécial à apporter aux autres, et plus vous serez en accord avec vos talents, plus la vie vous donnera l'opportunité de les exprimer. Il y a un génie en vous qui ne demande qu'à se réveiller, mais qui dort tant que vous n'écoutez pas votre cœur. Une fois réveillé, il mettra de la magie dans votre vie, et vous ne le regretterez jamais. Il n'y a pas de victimes de la vie : il n'y a que des excuses que l'on se trouve pour ne pas remplir notre mission, qui est de laisser plus de lumière sur cette Terre. Oui, ce n'est pas si simple. Oui, cela demande du courage. Mais la raison d'être de ces nouvelles énergies est justement de vous soutenir sur ce grand chemin de libération. Alors, souriez, tout va bien se passer ! Laissez-vous porter par la vague, et surfez... Bienvenue dans un nouveau monde !

TABLE DES MATIÈRES

Achevé d'imprimer en juin 2017
sur les presses de la Nouvelle Imprimerie Laballery
58500 Clamecy
Dépôt légal : juin 2017
Numéro d'impression : 706120

Imprimé en France

La Nouvelle Imprimerie Laballery est titulaire de la marque Imprim'Vert®